»Digital ist eine tolle Sache mit Nebenwirkungen, die wir zähmen müssen, sonst zähmt sie uns. Wir können von Bio lernen, vom Wilden Westen und von Analog. Und etwas tun.«

ANDRE WILKENS

ANALOG

ist das neue Bio

METROLIT

Aufklärung ist der Ausgang des Menschen aus seiner selbstverschuldeten Unmündigkeit. Unmündigkeit ist das Unvermögen, sich seines Verstandes ohne Leitung eines anderen zu bedienen. Selbstverschuldet ist diese Unmündigkeit, wenn die Ursache derselben nicht am Mangel des Verstandes, sondern der Entschließung und des Mutes liegt, sich seiner ohne Leitung eines anderen zu bedienen. Sapere aude! Habe Mut, dich deines eigenen Verstandes zu bedienen.

IMMANUEL KANT

Wie eine Videothek in Hipsterland lebt und gedeiht

Ich wohne in einer Straße mit 5 Restaurants, 2 Friseuren, 2 Delis, 2 Kneipen, 1 Weinladen, 1 Fahrradbar, 1 Schreibwarenladen. Es ist eine Straße in Berlin-Mitte-Hipsterland. Vor gut einem Jahr machte ein neuer Laden auf. Der neue Laden ist das, was man früher eine Videothek genannt hätte. Ein Raum voll billiger Regale, gefüllt mit Tausenden Filmen (vorwiegend DVDs), die man sich zu Hause via DVD-Player auf seinem Fernseher oder Computer angucken kann. Und so funktioniert das: Man schreitet die Regale ab, sucht sich, inspiriert von den DVD-Hüllen und -Boxen, einen Film aus, nimmt das dazugehörige Kärtchen, geht zum Tresen mit 2 Angestellten, die einen auch gern beraten, und bezahlt ein paar Euro für 24 Stunden Ausleihe. Der Laden heißt nicht Videothek, sondern Filmgalerie 451. Vorne, am Schaufenster, läuft auf einem alten Computer Pong. Dieses Vintage-Computer-Game funktioniert so ähnlich wie Tennis, aber man kann den Ball nur schlagen, indem man die Pfeile auf dem Keyboard vertikal hoch oder runter bewegt. Im Vergleich zu heutigen Computerspielen eine Meditationsübung.

Der Laden schien nicht in die Gegend zu passen. Ein Laden, der DVDs ausleiht, die man sich selbst aussuchen, abholen und wieder zurückbringen muss, in einer Gegend, die in den letzten 20 Jahren vollkommen durchgentrifiziert wurde und in der das Durchschnittsalter der Bewohner gefühlte 32,5 Jahre beträgt – die von Marktforschern wahrscheinlich zum Großteil in die Gruppe der Early Adopters eingeordnet würde – gehört hier nicht hin, dachte ich zunächst. Er würde in einer Zeit, in der Filme online auf allen möglichen Plattformen verfügbar sind, kostenlos oder durch Bezahlen einer kleinen Gebühr, keinen Erfolg haben.

Ich gab der Filmgalerie in meiner Straße maximal 6 Monate und richtete mich auf einen weiteren Friseur oder Deli ein.

Aber der Laden ist voll. Auf manche Filme muss man Tage warten. Leute verabreden sich im Laden. Oft steht ein Range Rover, Porsche Cayenne oder Ähnliches vor der Tür, während die Insassen DVDs aussuchen oder abgeben.

Ein Rätsel. Wie passt die Filmgalerie in diese Zeit und in diese Gegend? Ist es ein exzentrischer Ausrutscher oder ein Trend? Ist es Zukunft oder doch bloß retro? Oder beides?

Die Filmgalerie ist ein Beispiel dafür, dass nicht alles digital und vernetzt sein muss, und warum Menschen es trotzdem und vielleicht gerade deshalb lieben.

Die Filmgalerie eröffnete in meiner Straße fast zeitgleich mit den ersten Snowden-Enthüllungen über die weltweiten Spähaktivitäten des NSA. Scheinbar besteht zwischen Snowden und der Filmgalerie kein Zusammenhang. Für mich doch.

Snowden hat gezeigt, dass unsere schöne neue digitale Welt auch böse sein kann, dass, wer in ihr lebt, mit unerwünschten Risiken und Nebenwirkungen zu rechnen hat.

Die Filmgalerie und Snowden haben mich dazu gebracht, mich mit dem Thema Digital zu beschäftigen, mein eigenes Nutzerverhalten zu hinterfragen, den Blick auf jetzige und zukünftige Entwicklungen zu werfen – denn ich wollte verstehen, was die Digitale Revolution für mich als Einzelnen bedeutet und für die Gesellschaft, in der wir leben.

Herausgekommen ist dabei ein Buch von einem Bürger der digitalen Neuzeit, der Fragen stellt, Antworten findet, und der trotzig darauf beharrt, selbst entscheiden zu wollen, was für ihn gut ist und was nicht. Mehr ist das Buch nicht, aber auch nicht weniger.

**Geschrieben in der zweiten Jahreshälfte 2014
in Berlin, Barcelona, London, WestBay/Dorset**

Digital —   eins

Von einem Wunder-

mittel, seinen Risiken

und Nebenwirkungen

»Das Internet
ist für uns
alle Neuland«
ANGELA MERKEL

Ich fühl mich gut, ich steh auf Digital

Ich bin analog aufgewachsen, meinen ersten Computer habe ich 1988 versucht zu bedienen. Meine Diplomarbeit habe ich in Potsdam auf einer Schreibmaschine geschrieben, meine Masterarbeit auf einem weißen Würfel-Mac in London.

Bei meinem ersten Job in Brüssel lief alles noch über Hauspost und Fax. Es gab in unserer Abteilung einen Mann, der Computer bedienen konnte, eine Kombination aus Sekretärin und EDV-Experten, ein Einäugiger unter den Blinden. Meine erste E-Mail schrieb ich 1993, das WWW gab es schon, aber der Zugang an meinem Arbeitsplatz war beschränkt auf Mitarbeiter in der IT-Abteilung. Man hatte Angst, dass alle Mitarbeiter nur auf Porno-Webseiten unterwegs sein würden.

Dann ging es Schlag auf Schlag, jede Organisation musste eine Webseite haben, Onlinebanking, Blogs, Facebook, iPads, News… Ich bin ein Fan dieser Entwicklung, beinahe wäre ich selber mal Fast-Internet-Milliardär geworden, dann kam Snowden…

Ich bin in den letzten 30 Jahren vom Analogen ins Digitale hineingewachsen, ich kenne noch beide Welten.

Ich habe mich gefreut wie Bolle, als ich in Ostberlin meinen eigenen Telefonanschluss zugeteilt bekam, habe auf Schreibmaschinen getippt, habe in Lexika nachgeschlagen, bin in Bibliotheken gegangen, habe lange Liebesbriefe geschrieben und erhalten, bin mit Landkarten ans Ziel gekommen und habe mich mit und ohne Landkarten verfahren. Als ich 1989 das erste Mal sah, wie ein Faxgerät funktioniert, konnte ich kaum fassen, dass

Texte innerhalb von Minuten über Tausende Kilometer an einen anderen Ort gebeamt wurden. Diese Art 2D-Printing war wie Science-Fiction.

Nachdem ich versehentlich mit frisch gepresstem Orangensaft die Tastaturen von 5 Universitätscomputern ruiniert hatte, war es 1992 Zeit für den ersten Siemens-Nixdorf-Klapprechner, ein Wunderwerk und ungefähr noch so schwer wie meine Adler Reiseschreibmaschine. Ich war unabhängig. Wunderbar.

Ähnlich ging es mir 1998 mit meinem ersten Telefonino (ich lebte da gerade in Turin). Mit meinem ersten Blackberry gehörte ich 2003 dann zu den wichtigen Leuten, die ständig erreichbar sein mussten, da sonst unabdingbar die Welt nicht funktionieren würde.

Mit MacBooks und iPhones wurde Digital auch zum Anfassen schön. Sie funktionierten, man brauchte keine Bedienungsanleitung und man wollte sie anfassen. Für meine Frau war ihr erstes iPhone eine Zeitenwende. »Es ist das erste Mal, dass ich Technik liebe.« So ging es mir 2008 mit meinem ersten MacBook.

Und dann kam das iPad, Technik, die intuitiv, geradezu menschlich funktionierte. Auf einmal konnte ich mir vorstellen, Texte, Zeitungen und Filme auf einem Computerbildschirm zu konsumieren, was ich vorher nicht gemacht hatte. Computer, auch Macs, erinnerten mich immer noch vor allem an Arbeit. iPad war anders. Ich nutzte eine Dienstreise in die USA, um mir 2010 eines der ersten iPads zu kaufen. Heute ist das schon fast Vintage.

Neben der immer schöneren Hardware gab es noch andere digitale Dinge, die wirklich clever und nützlich waren. Für mich waren das von Anfang an die sozialen Medien. Als jemand, der in den letzten 20 Jahren in 5 Ländern gelebt, in vielen mehr gearbeitet und überall dort Freunde, Kollegen und Bekannte hat, war Facebook für mich sofort eine wunderbare Möglichkeit, mit allen in Kontakt zu bleiben, sich auszutauschen, andere Perspektiven zu gewinnen. Ich sehe und benutze Facebook als meine Öffentlichkeit, meinen persönlichen Thinktank, zusammen betrieben von meinen Freunden und mir.

Ich bin drin. Ich fühl mich gut, ich steh auf Digital.

Meine Kinder sind digital natives, für sie gibt es keine Welt ohne Digital. Sie können sich eine Welt ohne Internet und iPads so wenig vorstellen wie ohne Elektrizität oder fließendes Wasser.

Wie sieht unser Alltag heute aus? Wir stehen auf, duschen, frühstücken, während wir schon mal auf Facebook und Twitter checken, was es Neues in der Welt gibt. Die Kids spielen auch schon mal Angry Bird und chatten mit Freunden über dies und das, auch Schule. Dann geht's zur Arbeit, in der S-Bahn checken wir weiter Social Media und die News. Kaum einer guckt noch aus dem Zugfenster, alle haben ihr eigenes Fenster in die Welt. Im Büro sind wir dann erst recht permanent in irgendwelche Systeme eingeloggt, die Updates geben und uns irgendwo hinschubsen. Auf dem Nachhauseweg wiederholt sich das morgendliche Ritual und abends schauen wir online Filme, skypen mit jemandem, buchen Flüge, machen Onlinebanking, oder kaufen vielleicht online ein. Jeden Tag google ich 80 bis 100 Mal. Das ist mein Anteil an den circa 3,5 Milliarden Suchanfragen, die Google täglich erreichen.[1] Wir sind praktisch nie offline. Erinnert sich noch jemand an Second Life, die Plattform, die mal the next big thing war, und wo man online sein erträumtes Lieblingsleben führen konnte? Sie ist verschwunden, weil unser First und Second Life zusammengewachsen sind.

Wir leben in der digitalen Welt, Punkt.

Digital ist ein Wundermittel, Arbeitsmittel, Heilmittel, Rauschmittel, Aufputschmittel, Entspannungsmittel, Zerstreuungsmittel, eine Droge. Alles in einem und je nach Betrachtungsweise. Man gibt es irgendwo dazu und fast sofort wird alles schneller, besser, effizienter, flacher und meist kleiner. Und irgendwie wird auch alles immer mehr.

Digital hat uns schlauer gemacht, durch Google und Wikipedia haben wir auf alles schnell eine Antwort und zu allem eine Meinung. Durch Skype kann jeder mit Freunden und Verwandten über Kontinente hinweg stundenlang reden, ohne Angst vor horrenden Telefonrechnungen zu haben, und dies auch noch in Bild und Farbe. Laptops, Tablets und Handys machen es möglich, nicht nur vom Büro aus, sondern auch in Parks, Cafés oder zu Hause zu arbeiten. Wir können aus dem aktuellen Buchangebot der ganzen Welt auswählen, auch in Originalsprache, und uns die Bücher bequem nach Hause schicken lassen. Und das funktioniert eigentlich mit fast allen Dingen. Wahrscheinlich kann man auch einen Privatjet online bestellen. Haben wir zu viel gekauft, können wir, was wir nicht mehr brauchen, auf Ebay anbieten und gleich noch einen Designerstuhl zum halben Preis ersteigern. Wir müssen nicht mehr drögen Fernsehprogrammen folgen, sondern stellen uns unser eigenes Bildschirm-Programm zusammen, inhaltlich und zeitlich passgenau. Nachrichten erhalten wir dann, wenn wir sie brauchen, und nicht nur mit der Morgenzeitung und den Tagesthemen. Um auf der Höhe der Tagespolitik zu sein, braucht es kein teures Abo für die FAZ oder eine andere Tageszeitung. Und dank Google Maps und GPS benötigen wir auch keine Stadtpläne und Landkarten mehr, kommen aber trotzdem stressfreier und pünktlicher ans Ziel. Wann immer wir etwas Zeit haben, können wir spielen, wir brauchen dazu weder Schachbrett noch Mitspieler. Jeder kann immer genau die Musik hören, die er in dem Moment gerade gut findet. Das gleiche gilt für Filme und Videos. Alles kann durch ein paar Fingerbewegungen erledigt werden, es gibt keinen Grund, sich Kälte, Hitze, Wind, Staub oder der Hektik des Tages auszusetzen. Dank digitaler Handys können wir jeden dauernd erreichen, wir brauchen uns weniger

Sorgen darüber zu machen, wo unsere Kinder sind, wir können uns entschuldigen, wenn wir wieder zu spät zu einem Termin kommen, ohne dass es zu unprofessionell aussieht, wir können Reisezeiten nutzen, um notwendige Telefonate zu erledigen.

Durch Facebook, Twitter, Weibo, YouTube, Skype und unzählige Blogs ist eine Art globale Öffentlichkeit entstanden, die es früher so nicht gab oder nur in Ansätzen unter Eliten. Es bilden sich globale Meinungen zu globalen Ereignissen, Mode, Musik und Sport, die bisher nur national durch Medien geschaffen werden konnten.

All das und viel mehr haben wir Digital zu verdanken.

Was ist Digital überhaupt?

Eine Definition könnte man in zwei Zeichen oder in Buchlänge geben. Dazwischen ist viel Interpretation. Fangen wir beim Wort an. Digital bedeutet so viel wie »Zahl« und leitet sich aus dem lateinischen Wort d i g i t u s = Finger ab. Digital basiert auf der Umwandlung von elektrischen Signalen in binäre Zeichen. Daten werden durch Digital als eine Reihe von Einsen und Nullen dargestellt. Dies ermöglicht die Produktion, Vernetzung, Distribution und den Konsum von Daten.

Ich verstehe und benutze Digital im Weiteren als Sammelbegriff für vernetzte Informationstechnologie, die auf der Programmierung von Zahlen basiert. Mein Verständnis von Digital ist gesellschaftlich und kulturell. Technische Definitionen können andere besser. Es geht mir um die Anwendungen und Folgen von Digital.

Wen eine spannend geschriebene Abhandlung der Geschichte von Digital in Buchlänge interessiert, dem kann ich »Turing's Cathedral: The Origins of the Digital Universe« des Technikhistorikers George Dyson empfehlen, der die Ursprünge der Digitalisierung auf Gottfried Wilhelm Leibniz zurückführt. Der Leipziger Digitalpionier Leibniz entdeckte schon 1679, dass sich

DER ERSTE
COMPUTER
WAR EIN
BERLINER.

Rechenprozesse mit einer binären Zahlencodierung durchführen lassen, und sich dadurch die Prinzipien der Arithmetik mit den Prinzipien der Logik verknüpfen lassen. Dies ist die Basis, auf der Digital funktioniert. Wir leben im Jahr 330 nach Leibniz.

Um Digital zu nutzen, brauchte man dann noch die entsprechende Maschine. Was man einen Computer nennt.

Der erste Computer war ein Berliner. Der Berliner Ingenieur Konrad Zuse entwickelte 1941 einen funktionstüchtigen, vollautomatischen, programmgesteuerten Rechner mit Speicher und einer aus Telefonrelais bestehenden Zentralrecheneinheit. Dieser Rechner mit dem Namen Z3 wird als erster funktionsfähiger Computer der Welt bezeichnet. Einen funktionstüchtigen Nachbau kann man sich im Deutschen Museum in München ansehen.

Danach wurden programmgesteuerte Computer in den USA, Deutschland, Polen und der Sowjetunion gebaut. Der Wettlauf um die beste und schnellste Rechenkapazität hatte begonnen, und damals spielte Europa mit Siemens, Telefunken und Robotron noch eine Rolle.

1968 stellte Hewlett-Packard dann den ersten Personal Computer vor, bis dahin hatten Computer eher Zimmergröße. Was damals einen riesigen Raum ausfüllte und nur von speziellem Personal bedient werden durfte, passt heute auf ein mittelmäßiges Smartphone.

Die technischen Entwicklungen der 1960er-Jahre waren der Anfang der digitalen Zeitenwende. Die Befreiung des Menschen von geistigen Tätigkeiten hatte begonnen.

30 Jahre nachdem der damalige IBM-Chef Thomas J. Watson prognostiziert hatte, dass es nur einen Weltmarkt für insgesamt 5 Computer gäbe, stellte IBM 1975 den ersten tragbaren Computer vor.

IBM und Co. bauten dann immer bessere Computer, aber der junge Bill Gates erkannte, dass Computer nur die Hülle für ein noch nicht existierendes Nervensystem waren, das er dann 1980 für IBM unter der Bezeichnung Microsoft DOS und später als Windows für die ganze Welt entwickelte. Microsoft ist immer noch das meistbenutzte Operating-System der Welt und Bill Gates der reichste Mann auf Erden.

Die nächste große digitale Zeitenwende kam mit der Erfindung des Internets, also der Vernetzung von Computern und Daten zu einer quasi zweiten Welt, die es vorher gar nicht gab.

Interessanterweise entstand das Internet Anfang der 1960er-Jahre im Umfeld von Wissenschaftsinstituten, die sich mit staatlicher Militärforschung beschäftigten und nach einer Möglichkeit suchten, sich über Computer sicher miteinander zu vernetzen. Dieses Ur-Internet weitete sich in der Wissenschaftsgemeinde aus, blieb aber auch lange innerhalb dieser Gemeinde ein geheimer Ort.

Ab 1971 wurden über dieses Ur-Internet erste Mitteilungen verschickt. 1984 kam die erste E-Mail in Deutschland an, an der Uni Karlsruhe. Dass im Vergleich dazu heute, so schätzt man, 180 Milliarden E-Mails am Tag verschickt werden, ist schon verrückt.

Ab 1990 konnte das Internet auch außerhalb von Universitäten verwendet werden. Der Brite Tim Berners-Lee entwickelte 1989 am CERN in Genf die Grundlagen des World Wide Web, das ab Sommer 1991 weltweit verfügbar war. Aber so richtig los ging es erst 1993, als der erste grafikfähige Webbrowser namens Mosaic zum kostenlosen Download angeboten wurde. Erst dies ermöglichte die Darstellung von Inhalten des WWW. Von da an konnte das Internet auch von Technik-Laien wie mir genutzt werden.

Ich erinnere mich an die ersten Webseiten: viel unterstrichener Text und ein bisschen Grafik. Die meisten sahen aus wie schlechte PowerPoint-Präsentationen und man wartete oft eine

Minute und länger, um von einer Webseite zur nächsten zu gelangen. Das kann man sich heute gar nicht mehr vorstellen.

Dieses Internet war am Anfang ein eher anarchistischer Ort, fast eine Utopie, in der alles frei und kostenlos war. Es hatte tatsächlich etwas von einem Gemeingut, einem freien Ort, ohne Regeln, ohne Eigentum, ohne Macht.

Das Ur-Internet wurde von Hippie-Nerds aus Kalifornien und anderswo gebaut, die es lange schafften, die Regeln der ersten realen Welt aus dieser neuen digitalen Welt herauszuhalten.

Mathematik, Anarchie, Science–Fiction und Pioniergeist trafen zusammen.

Davon zeugen auch die Logos der Internet-Digitalen. Schauen Sie sich die Logos von Apple und Google und den Facebook-Daumen an, alles Spaß-Logos im Vergleich zu Ford, Siemens und IBM.

In seinen Geburtsjahren war das Internet eine fast kapitalismusfreie Zone. Es dauerte ein paar Jährchen, bis sich die Hippie-Nerds ausgetobt hatten und der Kapitalismus auch das Internet eroberte.

Aber dann ging es auf einmal gigantisch schnell. Zwischen 1997 und 2000 gab es eine regelrechte Blase. Alle Leute unter 30 wollten auf einmal durch das Internet möglichst schnell und leicht reich werden. Alles schien möglich. Und es gab viele Investoren, die Millionen verwetteten für Ideen, die 1 Punkt und die 3 Buchstaben »com« beinhalteten. Erinnert sich noch jemand an Pixelpark, EM.TV, Gigabell? Dies waren die ersten Amazons und Zalandos der neuen digitalen Ära. Der bedeutendste Internet-Anbieter seiner Zeit, AOL, war auf einmal so viel wert, dass er sich eines der größten Medienhäuser der Welt, Time Warner, kaufen konnte. Die Blase platzte. Es war zu viel Ramsch darunter. Die unwirtschaftlichen Ideen blieben auf der Strecke.

Übrig blieben die Leute mit einem echten Plan und mit Stehvermögen, die wahren digitalen Kapitalisten, die heutige digitale Aristokratie.

Sogar in Brüssel, wo ich damals lebte, und das weder damals noch heute eine High-Tech-Hochburg war und ist, gab es um die Jahrtausendwende jeden Monat »first tuesdays«, wo sich Leute mit Dotcom-Ideen mit Investoren trafen und gleich vor Ort Deals machten. Ich arbeitete damals für eine große amerikanische Werbeagentur, die früh erkannte, dass das Internet den Werbemarkt revolutionieren würde. Unsere Werbestrategen sahen eine Zeit voraus, in der jeder Konsument auf Grundlage seines täglichen Verhaltens im Internet – und der Spuren, die er dabei hinterlässt – persönlich auf ihn zugeschnittene Werbung erhalten würde. Einfach indem die Werber diese Spuren einsammeln, auswerten und zu Kundenprofilen zusammenstellen, die dann passgenaue Werbung ermöglichen. Das war die Erfüllung des Traumes vom Direct-Marketing, das bis dahin per Post und mit riesiger Streuung eher schlecht als recht veranstaltet wurde. Jetzt konnten wir Werber unser Know-how im Datenmanagement nutzen, digitalisieren und ausbauen. Der Wert von Daten war uns schon damals, lange vor der Diskussion um Big Data, bewusst.

Fast wäre ich in dieser Zeit selber Internet-Unternehmer geworden, vielleicht sogar Internet-Milliardär. Meine Idee hieß My Paper und stellte Nutzern ihre eigene Zeitung zusammen, auf Basis ihrer Präferenzen (zum Beispiel Politik in Englisch aus dem Guardian, Kultur in Deutsch und Englisch, Sport in Italienisch aus Gazzetta dello Sport, Vermischtes aus der Bildzeitung etc.). Auf der Grundlage einer damals neuen Software konnten wir nicht nur eine Liste von Links liefern, die einen dann zu einer

DATA IST BIG, BIG DATA

anderen Webseite schickten, sondern die aggregiert zusammen-
gestellten Artikel auch so formatieren, dass das finale Produkt
tatsächlich wie eine Zeitung aussah. Das war 2000, dann platzte
die Dotcom-Blase und es gab keinen müden Franc mehr für eine
Internet-Idee.

Nicht nur bei personalisierten Medien dauerte es noch ein
bisschen, bis sich digitale Geschäftsmodelle wirklich durchgesetzt hatten. Am Anfang stand der Versuch, über Werbung Geld
zu verdienen, später durch Shopping ohne physische Einkaufsfläche. Dies kann man als die Lehrjahre des digitalen Kapitalismus bezeichnen.

Seit ein paar Jahren dreht sich nun alles darum, was man mit
den vielen gesammelten Nutzerdaten alles machen kann, nämlich
viel mehr als nur Werbung und Bücher zu verkaufen.

Data ist Big, Big Data.

Jeder Mensch hinterlässt jeden Tag durch die Nutzung digitaler Medien unzählige Spuren und gibt so, gewollt oder ungewollt,
Auskunft über seinen Standort, seine Freunde, seine Überzeu-
gungen, über seinen Konsum, über ganz wesentliche Aspekte
seines Lebens. Das hat er vorher auch getan, aber es war wie Luft,
»im Winde verweht« oder auch Abfall des Lebens.

Im Digitalen Zeitalter wird dieser Abfall wertvoll und deshalb
abgesaugt. Alles wird registriert, aufgezeichnet, vernetzt. Nichts
geht verloren. Daten sind der Rohstoff und Treibstoff von Digital.

Ein Bericht des World Economic Forums in Davos[2] bezeichnet
persönliche Daten als das neue Öl, als die Ressource des 21. Jahrhunderts. Und im Unterschied zu Öl lassen sich Daten problemlos
fördern, es gibt sie überall, sie verschmutzen die Atmosphäre nicht
und finanzieren keine autoritären Regime. Es ist wie im Märchen,
wo die Goldmarie aus Stroh Gold spinnt.

Wir haben eine Digitale Revolution miterlebt, die unsere
Arbeitswelt, aber auch unsere private Welt, unsere sozialen Be-

ziehungen, unsere Konsumption von fast allem und in der Folge eigentlich unser ganzes Leben total umgekrempelt hat, in nur 25 bis 30 Jahren.

Für mich als Ostberliner war der Fall der Berliner Mauer das bisher prägendste Erlebnis meines Lebens. Aber im Vergleich zur Digitalen Revolution war dies nur ein lokales politisches Ereignis mit relativ geringfügigen Auswirkungen. Die Digitale Revolution hat die ganze Welt erfasst und hält sie auf Trab.

Die Industrielle Revolution hatte eine ähnlich tiefgreifende Wirkung, brauchte dafür aber über 200 Jahre. Im Verlauf hat sie unter anderem die Spinning Jenny, den Manchester-Kapitalismus, die Eisenbahn, die Titanic, Adam Smith, Max Weber, Marx/Engels/Lenin und erste Sozialgesetze hervorgebracht.

Digital ist wie die Industrielle Revolution, aber auf Speed. Waren im Industriezeitalter Kohle, Öl und Stahl die entscheidenden Faktoren, sind es heute die Daten. Und Daten können wir unendlich produzieren.

Das Tolle an Digital ist, dass es dauernd neue Bedürfnisse schafft, die man vorher gar nicht erahnen konnte, außer Star-Trek-Fans vielleicht. Wir wussten nicht, dass wir dauernd Kurznachrichten über unsere Befindlichkeiten in die Welt schicken wollen, wir wussten nicht, dass wir dauernd im digitalen Flohmarkt unterwegs sein wollen, wir wussten nicht, dass wir Weltnachrichten minütlich erhalten wollen, wir wussten nicht, dass wir immer beruflich erreichbar sein wollen, wir wussten nicht, dass wir Filme von uns, unseren Freunden und unserer Familie der ganzen Welt zeigen wollen, wir wussten nicht, dass es auf jede Frage sofort mindestens eine Antwort gibt.

Diese neuen Bedürfnisse werden digital sofort erfüllt, und das mit immer schnellerem Tempo. Die Vorstellung, dass wir morgen nur noch die digitalen Bedürfnisse von heute haben werden, kommt uns rückschrittlich vor.

Wie die Geschwindigkeit der Digitalen Revolution wahrgenommen wird, liegt im Auge des Betrachters. Für die über 40-Jährigen scheint sie dramatisch hoch, da sie sich noch an eine Zeit ohne Internet und Smartphone erinnern können. Für die Jüngeren ist die Digitale Revolution Alltag. Sie gehen davon aus, dass das brandneue Smartphone am Ende des ersten Verkaufstages schon Vintage ist. Digital war in ihrer Muttermilch.

Und Digital ist grenzenlos, es ist nicht an Nationalstaaten gebunden, es gibt keine Mauern, bisher. Digital ist global, mit Digital kann jeder ein Weltbürger sein. Für jemanden wie mich, der hinter einer Mauer aufgewachsen ist, zählt das viel.

Wenn man später mal gefragt werden wird, wo man denn war, während der Digitalen Revolution, was antwortet man? War man ein Revolutionär, der das alte Regime gestürzt hat? Oder war man ein Mitläufer? War man ein Reaktionär, der die Revolution aufhalten wollte?

Ich sehe mich auf der Seite der Revolution. Ich bin aber kein digitaler Revolutionär, kann nicht programmieren und hab auch kein digitales Start-up. Wie die meisten von uns bin ich ein digitaler Mitläufer. Sagen wir im vorderen Drittel.

Ich fühl mich gut, ich steh auf Digital. Bisher.

Weltverbesserung 2
mit Zahlen

Es gibt eine Menge Gründe, die Welt verbessern zu wollen, denn das Leben ist kompliziert und wird nicht einfacher.

»Don't be evil«
GOOGLE

Überall gibt es Konflikte und Probleme. Trotz wachsenden Reichtums hungern immer noch Millionen Menschen, unsere mit Kohlenstoff befeuerte Wirtschaft treibt uns in die Klimakatastrophe, religiöse Streitigkeiten nehmen nicht ab, sondern zu, ständig brechen irgendwo auf der Welt Epidemien aus, Flüchtlingsströme nehmen nicht ab, sondern zu und der Nahe Osten kann einfach keinen Frieden finden. In Europa hat die Eurokrise das Vertrauen in die europäische Integration erschüttert und neue Populisten gestärkt. Wladimir Putin hat angefangen, wieder Grenzen in Europa zu verschieben.

Mit Weltverbesserern verbindet man Menschen wie Nelson Mandela, Mahatma Gandhi, Albert Einstein, Bono und Michail Gorbatschow. Aber auch große Philanthropen wie die Rockefellers und Carnegies, Bill Gates und George Soros.

Aber könnte Weltverbesserung nicht auch einen Schuss Digital vertragen und damit besser, schneller und wesentlich effizienter werden?

Die meiste Zeit meiner digitalen Existenz habe ich mit Microsoft-betriebenen Geräten verbracht. Eines Tages schlenderte ich in einen der neueröffneten Apple Stores in London und war verzaubert. Es war eine andere Welt. Apple-Geräte und Software waren intuitiv, einfach zu bedienen, schnell und schön. Ich war fasziniert von Apples Methode, komplexe Dinge einfach und schön zu machen, und Arbeitsmaschinen zu intuitiven Partnern, die man anfassen und umarmen will. Mich faszinierte die Fähigkeit, Lösungen zu finden, die intuitiv sind, sich an echten Menschen orientieren und ohne Bedienungsanleitungen auskommen. Ich fragte mich, was wäre, wenn man die Methode Apple nutzen würde, um Weltprobleme zu lösen: problem- und kundenorientiert, kreativ aber simpel, intuitiv und schön. Damals war das nur ein Gedankenspiel, aber anscheinend haben andere in der Zwischenzeit Ähnliches gedacht.

Bei digitaler Weltverbesserung denken viele zuerst an Wikipedia, Kickstarter und BetterPlace, vielleicht sogar an den Arabischen Frühling. Da ist viel dran.

Wikipedia sammelt und kommentiert das Wissen dieser Welt in Echtzeit und dies als gemeinnützige Organisation, die mithilfe von Millionen Freiwilligen das immer aktuelle globale Lexikon erstellt. Wer könnte sich ein Leben ohne Wikipedia noch vorstellen? Die Schüler dieser Welt sicher nicht mehr. Ich bin ein Fan.

BetterPlace ist ein Beispiel für eine neuartige gemeinnützige Organisation, die online Geld sammelt, um Weltverbesserungsprojekte zu unterstützen. Statt die Weltverbesserung reichen Philanthropen zu überlassen, kann jeder Einzelne mitentscheiden und initiieren, was wie besser gemacht werden soll. Auch eine prima Idee.

Das sind Ideen, die traditionelle Weltverbesserung mit Digital verbinden. Sagen wir Weltverbesserung 2.0.

Aber mit Digital kann man viel, viel mehr machen. Digital ist ein Wundermittel, das man auch bei der Lösung richtig schwieriger und systemischer Fälle anwenden kann, zum Beispiel beim Klimawandel, bei Krankheiten oder wenn es um Verkehrstote oder den Terrorismus geht. Manche Leute sagen, man könne alle Probleme dieser Welt damit lösen.

So ähnlich wie Malen mit Zahlen, wo man sich seinen eigenen Picasso malen kann, indem man Zahlenfelder ausfüllt, kann man auch Schritt für Schritt, Zahl für Zahl, Weltprobleme lösen.

Man kann jedes Problem berechnen, analysieren, einen Algorithmus bauen, die Lösung herbeiführen. Klingt gut. Gucken wir uns ein paar Beispiele an.

Smarte Sicherheit Bisher haben wir Digital über eine gewisse Anzahl von Geräten genutzt: vor allem durch Computer und Smartphones. Aber fast alle Dinge, die wir im Alltag benutzen, beispielsweise Autos, Drucker, Kleidung, Rucksäcke oder Waschmaschinen, verfügen schon über elektronische Chips, die sich relativ einfach mit anderen Chips verbinden ließen, um Daten miteinander auszutauschen. Wenn man dies tut, bekommt man ein Netz der Dinge, the internet of things.

Wenn alles mit allem in Verbindung steht, kann man versuchen, das System auf smarte Stabilität ohne Kollisionen zu programmieren. Alle Dinge im System sollen und müssen dann so funktionieren, dass sie den Regeln entsprechen und das Gesamtsystem nicht stören. Der Publizist und Netztheoretiker Evgeny Morozov nennt dies smartification.

Nach Erhebungen von Weltbank und Weltgesundheitsorganisation sterben weltweit jährlich über 1 Million Menschen an den Folgen von Verkehrsunfällen, in Deutschland waren es zuletzt 3000. Dazu kommt die Zahl der Verletzten, die jährlich auf weitere 40 Millionen geschätzt wird. Die Zahl der Verkehrstoten und Verletzten liegt damit weit über den Opferzahlen von Krieg oder Terrorismus.

Wie kann uns Digital helfen, die Zahl der Verkehrstoten und Verletzten gegen Null zu senken?

Nehmen wir eine Autofahrt von Berlin nach Hamburg in naher Zukunft. Alle Autos sind dann mit Sensoren in den Straßen verbunden, mit allen anderen Autos auf der Route, mit Wetterstationen, mit dem Polizeicomputer, mit Tankstellen usw. usf. und natürlich mit den Tausenden von Chips und Sensoren im eigenen Auto. Auf Basis von Echtzeit-Daten kann das System die ideale Geschwindigkeit für jeden Verkehrsteilnehmer berechnen und durchsetzen, einschließlich des notwendigen Sicherheitsabstandes, und es bestimmt die beste Route oder Umgehungsroute. In so einem System kann es praktisch zu keinem Unfall kommen. Und das auch nicht, wenn der Mensch noch selber am Lenkrad sitzt und scheinbar das Auto selbst steuert.

Für Fans der deutschen Autobahn ist die gute Nachricht, dass es auch weiter keiner Geschwindigkeitsbegrenzung bedarf. Das System wird die Höchstgeschwindigkeit aller Verkehrsteilnehmer immer so regeln, dass es keine Kollisionen gibt. Manchmal wird man also weiterhin mit 200 km/h auf der Autobahn langbrummen können, wenn es das System erlaubt. Man wird nur dann ein Verkehrsdelikt verüben können, wenn man es schafft, sein eigenes Fahrzeug aus dem Datenverkehr zu nehmen. Dazu braucht man Hacker. Auto-Tuning wird deshalb in Zukunft eine Sache für Hacker sein.

Da könnte man vielleicht einwenden, die Verkehrssicherheit im Autoverkehr sei eine überschaubare Sache. Wie sieht es aus, wenn wir unsere smarten Autos verlassen?

Wenn Menschen nicht im Auto sitzen, werden Security-Roboter und Drohnen die Aufgabe übernehmen, die öffentlichen Plätze,

Schulen, Flughäfen etc. zu kontrollieren und Menschen vor allem vor anderen Menschen zu schützen. Die Star-Wars-Fans können sich das als eine Art Super R2-D2 vorstellen, die natürlich mit Sensoren in allen beweglichen und unbeweglichen Elementen und dem Netz an sich verbunden sind. In den USA experimentiert die Polizei schon mit denkenden Drohnen, die Gewalt erkennen, bevor es tatsächlich kritisch wird, und dann vor der Tat eingreifen. Aber warum warten, bis sich gewaltfähige Gedanken bei Menschen gebildet und festgesetzt haben, wenn man schon bald auch diese Gedanken selber finden und eliminieren kann. Man muss sich nur die regelmäßigen Schulmassaker, Bombenattentate auf Märkten und Bahnhöfen in Erinnerung rufen, um dieser Perspektive von smarter Sicherheit eine Menge Relevanz abzugewinnen.

Man kann smarte Sicherheit auch noch größer denken, indem man möglichst alle Dinge miteinander in Verbindung setzt, mit dem Ziel, ein in sich stabiles System zu schaffen, in dem es keine Abweichungen von vorgegebenen Standards gibt. An dieser digitalen Systemtheorie wird, mit zugegeben unterschiedlichen Ansätzen, in Washington und Peking getüftelt.

In den USA versucht die NSA mit Abschöpfung und Analyse von unvorstellbar riesigen Datenmengen nach dem obigen Prinzip den weltweiten Terrorismus zu besiegen. Wenn man alles überwacht und alles miteinander in Verbindung steht, sollte es für Terroristen doch keine Möglichkeit mehr geben, sich zu treffen, eine Bombe zu bauen und diese dann zu detonieren. Es gibt zu viele Datenpunkte, an denen das System Bescheid wissen und einschreiten kann, noch bevor etwas Tödliches passiert. Bisher ist die Zerstörung von terroristischen Keimzellen noch an menschliche Entscheidungen geknüpft, aber dies könnte sich aus Gründen der Schnelligkeit und Effizienz auch ändern. Was wären wir nicht bereit zu opfern, für ein smartes Sicherheitssystem, das Terrorismus verhindert?

Der getrimmte Mensch Die Welt wäre definitiv ein besserer Ort, wenn es weniger Krankheiten gäbe. Wir würden uns gut fühlen, uns nicht gegenseitig anstecken, würden auf der Arbeit nicht fehlen und könnten länger leben. Wenn wir immer gesund sind, brauchen wir nicht zum Arzt zu gehen, das staatliche Gesundheitssystem könnte schlanker werden und wir könnten dafür mehr Steuergelder in bessere Bildung für alle stecken.

Um dem Zustand permanenter Gesundheit näherzukommen, können wir, p o w e r e d b y Digital, einiges selbst tun, indem wir unser persönliches Gesundheitssystem stabil halten, die geringsten Anomalitäten sofort erkennen und dann gleich ausschalten.

Smarte Armbänder oder im Körper eingebaute Sensoren können ständig alle unsere Körperfunktionen messen, analysieren und uns Feedback geben. Bei Abweichungen vom Idealzustand werden Anweisungen ans »Headquarter«, also an unser Gehirn, gegeben, wie man wieder in den stabilen Idealzustand zurückkehren kann, zum Beispiel mehr laufen, Obst essen, eine Pause machen, Zähne anders putzen, eine Vitamintablette nehmen etc. Unsere Körper werden smart auf stabile Gesundheit getrimmt. Abweichungen, die zu Krankheiten führen können, werden sofort von uns selbst behandelt. Unser Körper ist mit unserem Kühlschrank vernetzt und dieser mit dem Supermarkt. Der Kühlschrank entscheidet, was für uns am besten ist und kauft nur dies ein. Hängt unser Vitaminspiegel durch, steht zum Frühstück ein frisch gepresster Orangensaft für uns bereit. Daneben liegen die Jogging-Sachen, da die Sensoren unseres Körpers entschieden haben, dass wir mehr Bewegung und frische Luft brauchen. Alle Daten gehen sofort auch an den Arzt oder digitalen Doktor, bei denen rote Lampen angehen, wenn wir uns zu weit vom vorgegebenen Idealzustand entfernen oder sogar die oben genannten Vorgaben von Digital missachten. Auch unsere Toiletten-Daten werden durch eine Data-Toilette erfasst, analysiert und an den

Arzt geschickt. Halten wir unsere Körper nicht fit oder sieht man die kleinsten Symptome, die auf Krankheiten wie Grippe, Krebs, Herzinfarkt oder auch Depressionen hinweisen, wird die Arztpraxis uns automatisch einbestellen, um die ersten Symptome einer möglichen Krankheit sofort zu behandeln. Wenn wir zu unserem Termin erscheinen, wird Digital aus allen weltweit zur Verfügung stehenden Daten die beste Therapie zusammenstellen. Der Arzt wird hier nur als Nachrichtenbote gebraucht. Folgen wir den smarten Anweisungen, sind die Chancen, dass wir gesund oder gar nicht erst krank werden, fast hundertprozentig. Folgt man den smarten Anweisungen nicht, kann Digital auch anders. Die Missachtung der smarten Gesundheitsoptimierung kann sich negativ auf unsere Versicherungsprämie und vielleicht sogar auf unsere Steuerklasse auswirken. Denn alle unsere Gesundheitsdaten sind dem Gesundheitssystem, unserer Versicherung und den Steuerbehörden zugänglich. Alle Möglichkeiten werden genutzt werden, damit wir immer bester Gesundheit sind und mögliche Krankheiten schon in der Frühphase abgewehrt werden. ....

Eine Welt voller Menschen, die ihren Körper mithilfe von Digital selber in einem permanenten Gleichgewicht halten, fast nie krank sind und viel länger leben, das ist Weltverbesserung durch Menschverbesserung.

Prima Klima Wir wissen, dass die Verbrennung von Öl, Gas und Kohle Treibhausgase produziert, die unsere Atmosphäre so aufwärmen, dass es für uns Menschen auf dieser Erde sehr ungemütlich bis lebensgefährlich werden kann. Um dem entgegenzuwirken, müssen wir unschädliche Energiequellen nutzen und unsere Energieeffizienz verbessern. Hier kann Digital einen riesigen Beitrag zur Lösung des Klimaproblems leisten.

In Deutschland sind Gebäude für ca. 40 Prozent des gesamten Energieverbrauchs und CO_2-Ausstoßes verantwortlich. Staatliche und private Milliardenbeträge wurden in den letzten Jahren in die Dämmung von Gebäuden investiert, um die Ziele der Energiewende zu erreichen und unseren CO_2-Ausstoß drastisch zu senken. Diese Investitionen sind auch deshalb sinnvoll, weil sie beim Handwerk, auf dem Bau und in der Industrie neue Jobs schaffen.

Auch hier kann Digital Wunder vollbringen, und zwar indem man Energie smart macht. Smart wird Energie durch die Nutzung unzähliger Sensoren in Gebäuden, die den Energieverbrauch jederzeit so effizient und niedrig wie möglich halten. Die Sensoren sammeln Daten zur Nutzung der Gebäude und über ihre Bewohner und trimmen den Energieverbrauch durch ständiges Justieren auf das notwendige und angenehme Minimum.

Die Sensoren sind mit den Bewohnern über deren Smartphones/SmartGlasses oder anderen Sendern in Kontakt und können die Heizung so anstellen, dass es wohlig warm ist, wenn der Besitzer zur Tür hereinkommt. Ist der Bewohner mehr als 50 Meter außer Haus, wird die Heizung wieder runtergefahren. Die Sensoren sind mit der Außenwelt in Kontakt, berechnen Außentemperatur, Regenfall, Feiertage und alle relevanten Faktoren ein. Und sie lernen alles über die Bewohner und können vorausberechnen, wann wer wo sein wird und wie viel/wenig Energie man dafür braucht. Der Energieverbrauch wird minimiert, nichts mehr verschwendet.

Digitale Optimisten schätzen, dass mit Smart-Metern wie Googles Nest 40 Prozent der Energiekosten von Gebäuden gespart werden können. Wenn diese Smart-Meter-Optimisten Recht haben, könnten wir fast schon allein durch gute »Smart-Meterei« unsere Klimaziele erreichen. Und das alles nur durch die smarte Kombination von Daten.

Ähnlich groß, wenn nicht größer, ist das Potenzial der Sharing Economy, der Ökonomie des Teilens, für die Bekämpfung des Klimawandels. Wenn wir nicht alle ein eigenes Auto, ein eigenes Sommerhaus, einen eigenen Garten besitzen müssen, sondern uns diese und anderes teilen, können wir massiv Ressourcen und dadurch auch CO_2 sparen. Aber auch dezentral produzierte erneuerbare Energie kann durch die Sharing Economy direkt geteilt werden. Neue Energieanbieter könnten dann mit etablierten Energieriesen wie RWE konkurrieren, genau so wie es Uber jetzt mit Taxi-Unternehmen weltweit tut. Weltverbesserung durch digitales Teilen kann sogar weit darüber hinausgehen. Teilen kann ein ganz neues post-kapitalistisches Wirtschaftsmodell hervorbringen, eine Art Hybrid von Kapitalismus und Kommunismus. Der US-Ökonom und selbsternannte Vordenker Jeremy Rifkin spricht in rosa Weltverbesserungstönen davon. G i v e S h a r i n g   a   C h a n c e .

Alle Sprachen sprechen Würde es diese Welt nicht wahnsinnig verbessern, wenn Sprachen uns nicht mehr trennten, sondern wenn jeder mit jedem reden könnte, ohne sich einer Zweit- oder Drittsprache wie Englisch, eines Übersetzers oder Dolmetschers zu bedienen? Dann bräuchten wir nicht mehr zu radebrechen, sondern könnten uns auf Augenhöhe verständigen. Dann könnte es nach der schnellen aber ruckeligen wirtschaftlichen Globalisierung der letzten Jahrzehnte zu einer wirklichen Globalisierung von Öffentlichkeit kommen. Und damit auch zu besseren Lösungen globaler Probleme, einfach weil wir uns besser verstehen würden, bzw. endlich wirklich verstehen würden.

Allein Europa würde sehr davon profitieren, wenn wir eine europäische Öffentlichkeit hätten, die keine Sprachbarrieren mehr kennt. Dann könnten wir zum Beispiel die griechischen und spanischen Perspektiven in der Umsetzung von Sparprogrammen verstehen, ohne dass wir diese vorher von deutschen Politikern und Medien erklärt bekommen müssen. Denn Sprachbarrieren sind immer noch ein wichtiger Grund dafür, dass die meisten von uns in nationalen, oft eindimensional geprägten Informationsblasen leben, aus denen die Vielfalt der Meinungen herausgefiltert wurde. Und diese Filter machen anfällig für Nationalismus, wie wir gerade in den letzten 5 Jahren in Europa erleben mussten.

Seit Jahrhunderten versuchen Menschen Ordnung in die Sprachvielfalt zu bringen, ohne dabei ihre kulturellen Identitäten abzuschaffen. Der Trend geht dabei zur universellen Zweitsprache, früher Latein, heute Englisch. Morgen könnte es Chinesisch sein. Esperanto war eine gute Idee, hat sich aber leider nicht durchgesetzt. Viele sprechen passables Englisch, aber die wenigsten so selbstverständlich und auf den Punkt gebracht wie ihre Muttersprache. Deshalb werden bilateral und international kleine wie große Themen meist in mittelmäßigem Englisch miteinander besprochen und diskutiert. Vielleicht kommen deshalb auch oft nur mittelmäßige Lösungen dabei heraus.

Digital kann die Sprachenwelt verbessern, und zwar schneller als wir denken. Online-Übersetzungsprogramme wie Google Translate werden immer besser, und zwar mit jeder neuen Übersetzung, die online gemacht wird. Jede Anfrage speist neue Daten in die Übersetzungsmaschine ein, die dann nach der Übersetzung gleich als Referenzmaterial für weitere Übersetzungen dienen. Der Übersetzungsalgorithmus lernt mit jeder Übersetzung und wird so besser und besser. Wie schnell digitale Übersetzung also wirklich gut wird, hängt davon ab, wie häufig wir sie benutzen. Jede digitale Übersetzung füttert die Übersetzungsmaschine.

Bald wird es ganz normal sein, die Prawda online auf Deutsch und Spiegel Online auf Spanisch zu lesen. Verbunden mit Spracherkennungsprogrammen wie Siri werden wir auch digitale Simultanübersetzungen nutzen, die das gesprochene Wort beinahe zeitgleich übersetzen. Du sprichst Isländisch und bei mir kommt es mithilfe eines Ohrstöpsels auf Deutsch an, so wie bei einem synchronisierten Film, wahrscheinlich sogar in der Tonalität des Gegenübers. Man kann aber auch alle Männer wie Leonard Cohen und alle Frauen wie Marilyn Monroe klingen lassen. Oder wie Homer Simpson und Marge.

Das hört sich wieder nach einer Star-Trek-Fantasie an, ist aber just around the corner, wie mir ein Bekannter versichert, der als Wissenschaftler am renommierten Deutschen Forschungszentrum für Künstliche Intelligenz arbeitet. Spätestens 2020 sind digitale Übersetzungen ein normaler Bestandteil unseres Alltags, so wie heute Shoppen per Handy. Das hätte man vor ein paar Jahren auch noch als utopisch abgetan.

Smart Essen In meiner Straße gibt es 5 Restaurants und seit kurzem auch einen Burgerladen, keinen McDonalds, sondern gute alte Burger, aus richtig gutem Biofleisch, von Hand vorbereitet und gebraten, mit echt guten Pommes dazu. Nicht superschick, eher Bohemian. Und es ist immer voll. Die Hipster essen anscheinend gerne Burger.

Rinder sind aber auch für einen Teil des Klimawandels verantwortlich. Sie stoßen bei der Verdauung Methangase aus, die die Atmosphäre mehr als 20 Mal so stark aufheizen wie CO_2. Dazu kommen die durch das Roden der Regenwälder hervorgerufenen Emissionen. Rechnet man dies alles zusammen, haben Rinder einen ähnlich großen Effekt auf das Weltklima wie der Straßenverkehr. Und da wir immer mehr Fleisch essen, kann ein Klimaretter eigentlich nicht frohen Herzens in einen Burger beißen.

Im Vergleich zu den anderen Problemen ist das Burger-Problem eher eine kleine Weltverbesserungsaufgabe. Aber Kleinvieh macht auch Mist, könnte man hier sagen, wenn es nicht so unpassend wäre. Denn andererseits ist der Lebensmittelmarkt groß und wichtig genug, um sich Schritt für Schritt diesen und anderen Fragen anzunehmen. Jeder isst.

Und weil Kalifornien ohne Burger nicht denkbar ist, haben sich ein paar Techies auch dieses Problems angenommen. Wie können wir smarter essen, haben sie sich gefragt, unserem Körper alles geben was er braucht, ohne unsere Umwelt und uns zu belasten.

Pat Brown, der Chef eines Start-ups mit dem Namen Impossible Foods, hat das Problem analysiert und festgestellt, dass wir beim Burger machen immer nur am Ende des Prozesses rumwerkeln. Er findet, es ist Zeit für neues Denken. Wir müssen den ganzen Prozess optimieren.

Der traditionelle Burger-Prozess sieht so aus: Kuh frisst Gras und macht dadurch Pflanzen zu Fleisch, Mensch schlachtet und macht Burger daraus. Wie kann man das hacken, einen neuen

Und kann man den ganzen Pro
Code schreiben? ....
zess auch ohne Kuh machen?
.... Das wäre doch auch
viel angenehmer für die Kuh.

Mr. Brown hat eine Methode entwickelt, die Burger ohne Kühe macht und dabei noch die Möglichkeit bietet, jeden Burger so zu programmieren, dass er auf den individuellen Esser, seine Präferenzen und die ihm vorgeschriebene Diät abgestimmt werden kann. 3 Jahre lang hat sein Laborteam Hunderte von Geschmacksrichtungen und Gerüchen dekonstruiert, passende Pflanzensubstitute gesucht und auf deren Basis Moleküle neu so zusammengebaut, dass sie der Zusammensetzung und dem

Geschmack von gebratenem Fleisch entsprechen. Ein Burger ohne Kuh, aber voll mit Daten, der uns alle gesünder macht und das Klima rettet. Investoren haben ihm dafür bisher 75 Millionen Dollar gegeben, weil sie daran glauben, dass man mit dieser Weltverbesserungsidee auch noch respektabel Geld verdienen kann.[3]

Glücklich arbeiten Googles Motto ist bis jetzt »Sei nicht böse«. Nur 17 Jahre ist Google alt und mit diesem Mantra, einem kunterbunten Logo und einer einfachen, genialen Dienstleistung zu einer der wertvollsten Firmen der Welt geworden. Google ist eine in vielerlei Hinsicht völlig unkonventionelle Firma, die stolz darauf ist, die etablierten Managementregeln zu missachten und am besten zu brechen. Man wird auf dem schönen Google-Campus kaum einen Mann oder eine Frau im Anzug treffen, es sei denn, man stößt auf einen Google-Dienstleister, einen Rechtsanwalt oder Lobbyisten. Google-Mitarbeiter werden so behandelt, wie viele konventionelle Manager es nur in Sonntagsreden verkünden und dann gleich vergessen, nämlich als das Wertvollste, was die Firma ausmacht und was man deshalb sehr sorgsam behandeln und auch verwöhnen muss. Essen, Trinken, Gym, d r y c l e a n i n g, Fahrt zur Arbeit und vieles mehr sind kostenlos. Trotzdem sind die Gehälter und Aktienoptionen gewaltig. Angeblich gibt es freitags offene Meetings, bei denen jeder Mitarbeiter Larry und Brin, die Google-Gründer, alles fragen kann. Mitarbeiter können 20 Prozent ihrer Arbeitszeit mit persönlichen Projekten verbringen, die anfangs gar nichts mit dem Google-Geschäft zu tun haben müssen. Aber sie können natürlich auch an m o o n s h o t - t h i n k i n g - Projekten mitmachen, die scheinbar auch nichts mit den derzeitigen Google-Aktivitäten zu tun haben, wie anfänglich die Digitalisierung aller Bücher dieser Welt oder das selbstfahrende Auto. Wenn die Projekte erfolgreich sind, werden sie ins Geschäft eingegliedert, wenn nicht, war es einfach den Spaß wert. Würde es nicht die Arbeitswelt fundamental verbessern, wenn die Arbeitgeber dieser Welt ein bisschen mehr wie Google werden würden? Ein gutes Gehalt, clevere Kollegen, eine Firma, die sich um die Sachen kümmert, die du nicht gerne machst, damit du Zeit hast, Sachen zu machen, die dich schon immer brennend interessiert haben, und das unter der Sonne Kaliforniens. Das klingt wie Arbeiterwohlfahrt 2.0. Was würde August Bebel dazu sagen?

Das alles und mehr kann Digital. Die Kombination von guten Ideen, Umsetzungsfantasie, C a n - D o - Geist, Digital und vielen Daten können schwierige Probleme lösen.

Ist Digital die Zukunft und die Hoffnung auf Weltverbesserung?

Zu Risiken und Nebenwirkungen 3

... lesen Sie die Packungsbeilage oder fragen Sie Ihren Arzt oder Apotheker.

Mit Digital hat die Menschheit scheinbar ein Wundermittel entdeckt, das man fast überall anwenden und das fast alle unsere Probleme lösen kann.

Der Nutzen von Digital ist offensichtlich. Aber die meisten Wundermittel haben Nebenwirkungen, gerade die synthetisch hergestellten. Wie sieht es mit den Risiken und Nebenwirkungen unseres Wundermittels Digital aus?

Spätestens seit Edward Snowden ist der Wurm in Digital.

Ich glaube, dass Digital auch Gefahren in sich birgt, das haben wir immer schon gewusst oder zumindest geahnt, aber verdrängt. Aber nach den Snowden-Enthüllungen waren die Schattenseiten der Digitalen Revolution nicht mehr zu ignorieren. Seit Snowden ist die digitale Welt nicht mehr heil.

Big Brother Für mich fing das gefühlte Ende der DDR mit einer für mich legendären Silvesterparty im Ostberliner Haus der Jungen Talente an, als wir sehr ausgelassen zu Eurythmics' »Sexcrime (Nineteen Eighty-Four)« und »Doubleplusgood« aus dem Jahr 1984 tanzten.

1984! Das war das Jahr, in dem George Orwell seinen 1948 geschriebenen Roman über den totalitären Staat der Zukunft, der wie eine Kreuzung aus Sowjetunion und Science-Fiction anmutete, angesiedelt hatte.

Das Buch war in der DDR verboten. Aber ich besorgte es mir und war schockiert. Ja, das war Science-Fiction, ein fantastischer und dystopischer Weltentwurf, aber es war auch schrecklich nah an meiner täglich erlebten Realität. Es ist kein schönes Buch, ich habe es nicht gern gelesen, aber es ist bis heute das Buch, das mich in meinem Leben mit am stärksten beeinflusst hat. Nach dem Fall der Berliner Mauer glaubte ich, das Thema habe sich für mich erledigt. Kurz aufgeblitzt ist es dann noch mal, als ich später, da arbeitete ich bereits selbst in der Werbung, den meiner Meinung nach besten Werbespot aller Zeiten sah: Apples 1984.

Als Edward Snowden im Sommer 2013 anfing, über die massiven Überwachungspraktiken und Möglichkeiten der USA zu berichten, fiel es mir schwer, nicht an Orwells »1984« zu denken.

2006, ein paar Jahre vor Snowdens Enthüllungen, wurde der Film »Das Leben der Anderen« ein internationaler Erfolg und erhielt einen Oscar als bester ausländischer Film. Er führt die Stasi-Überwachungen in der DDR im Detail vor, zeigt, wie sie vonstattengingen, wie der dahinter stehende Apparat funktionierte und welche Folgen die Überwachungen für die Überwachten hatten. Als der Film in den Kinos lief, hielt ich mich gerade viel in den USA auf und wurde dauernd gefragt, ob das Gezeigte die Wirklichkeit wiedergebe und wie ich in so einem Überwachungsstaat hatte leben und überleben können. Staatliche Überwachung war für meine US-Freunde ein Riesenthema, das aber letztendlich nur die Bürger von undemokratischen Staaten betraf.

Für mich waren die Berichte über die NSA-Aktivitäten kein so großer Schock wie für viele andere, mit denen ich nach Bekanntwerden darüber sprach. Ich denke, das hat damit zu tun, dass ich in der DDR aufgewachsen bin. Die dort gemachten Erfahrungen haben in mir ein latentes Misstrauen gegenüber Staat und Bürokratie manifestiert, ein Misstrauen, das nicht rational negativ, sondern historisch intuitiv ist. Ich gehe einfach davon aus, dass ich staatlich überwacht werde, kann aber damit leben, da ich seit der Wende in einem demokratisch liberalen Staat lebe, der mich bisher vor Exzessen schützte.

Snowden aber hat uns vor Augen geführt, dass das Big-Brother-Syndrom nicht nur in totalitären Regimen wachsen und gedeihen kann, und dass, nebenbei, Apples Werbespot von 1984 vielleicht noch visionärer war als wir sowieso schon glaubten.

Was also ist der Unterschied zwischen der DDR 1988 und den USA 2013? Ich denke, der wichtigste Unterschied ist, dass man in der DDR analog von Menschen überwacht wurde, während die NSA Abhörung voll automatisiert hat. Computerüberwachung scheint irgendwie nicht real, die Stasimänner im Film und im echten Leben waren es schon.

Trotzdem frage ich mich, ob die NSA-Leute »Das Leben der Anderen« gesehen haben, ob sie sich vielleicht über die primitiven Mittel der Stasi lustig machen und ob sie eine Verbindung zu ihren Aufgaben herstellen? Es ist nicht unwahrscheinlich, dass sie überhaupt keine Verbindung zu ihrem Job sehen.

Es gibt einen weiteren wichtigen Unterschied zu »1984« und der DDR. Die Stasi musste Abhörwanzen heimlich und natürlich illegal installieren. Heute legen wir uns freiwillig digitale Wanzen an. Über die smarten Geräte, die wir nutzen, über die Art und Weise, wie wir digital konsumieren und kommunizieren, geben wir persönlichste Informationen, politische Einstellungen, unseren Tagesablauf, Freunde und Konsumverhalten preis.

Wanzen und Hausdurchsuchungen sind Instrumentarien aus der Mottenkiste, heute stehen wir ohne darüber weiter nachzu-

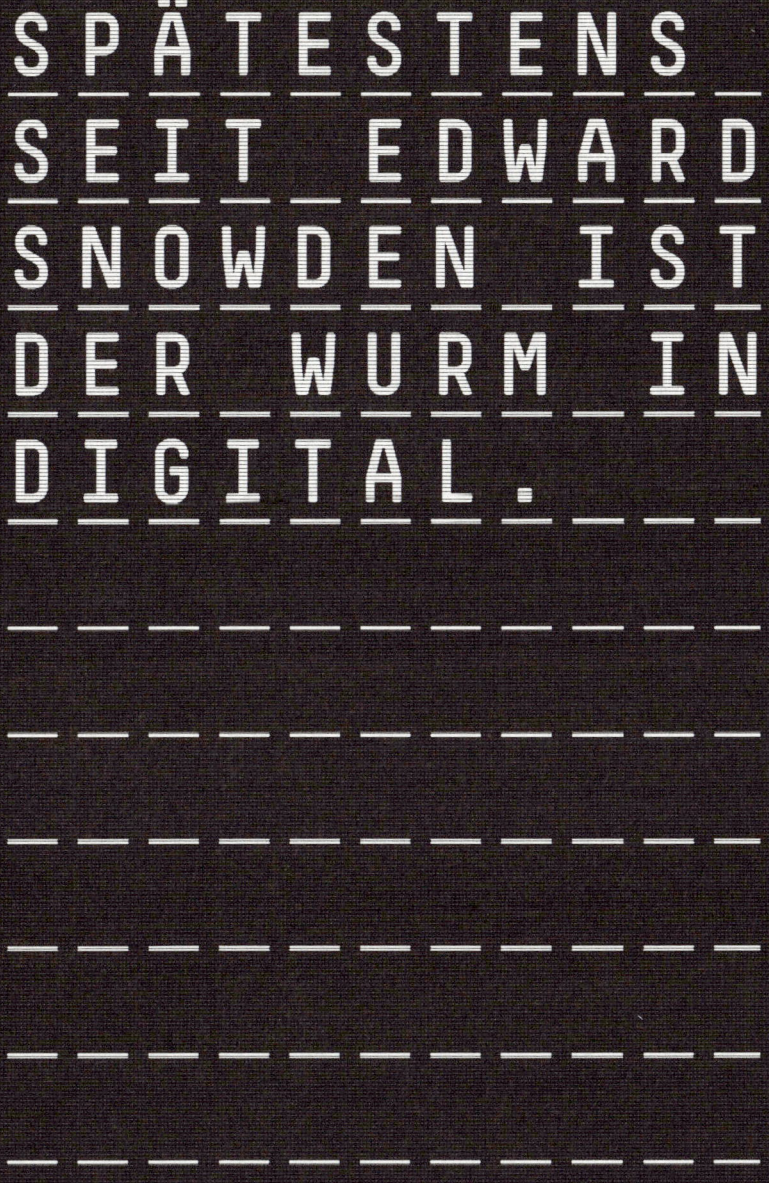

SPÄTESTENS
SEIT EDWARD
SNOWDEN IST
DER WURM IN
DIGITAL.

denken sogar Schlange, um uns die neueste Version der Apparate zu kaufen, die uns 24 Stunden lang an jedem Tag der Woche überwachen.

Big Money Der eigentliche Aufklärungseffekt von Snowden bestand für mich darin, zu erkennen, wie weit die Digitalisierung schon vorangeschritten war, wie viel Digital schon überall drinsteckt und wie Digital unser Leben lenkt. Staatliche Überwachung ist da nur einer der Nebeneffekte, die wir jetzt sehen.

Die Zweifel an Digital, die Snowden gestreut hatte, blieben nicht auf die NSA und den Überwachungsstaat begrenzt, sondern breiteten sich auf das Herzstück des Kapitalismus, die Wirtschaft, aus.

War da unter unseren Augen scheinbar unbemerkt ein riesiger technologisch-industrieller Komplex entstanden, während wir Angry Birds spielten und uns minütlich sinnlose Updates auf Facebook posteten?

Werbung war die erste Triebfeder der Digitalisierung und bot die Möglichkeit, Erfahrungen im Sammeln und Nutzen von Daten zu sammeln. Heute ist der »Werber« integraler Bestandteil jedes Smartphones und begleitet den Konsumenten scheinbar unsichtbar auf Schritt und Tritt.

Aber mittlerweile geht es um viel mehr als um Werbung und auch um mehr als Konsum. Geld durch Werbung zu verdienen war lediglich eine notwendige Vorstufe, die die Wirtschaft auf Big Data vorbereitet hat. Denn die eigentlichen Umsätze generieren die Firmen mit den Daten selbst, damit lässt sich wirklich Geld im Internet machen.

Die methodische Analyse riesiger Datensätze hatte zum Ziel, zukünftige Muster im Verhalten von Menschen und Systemen zu untersuchen. Im Laufe dieser eher wissenschaftlichen Herangehensweise hat man verstanden, dass sich das Wissen über gegenwärtiges und zukünftiges Verhalten zu Geld machen lässt.

Zur Erdölgewinnung kann man nur da bohren, wo Öl unter der Erde liegt. Nach Daten kann man fast überall bohren. Als Datenbohrer fungieren dabei Sensoren, Überwachungskameras, Telefone, Satelliten, Bankdaten, Kreditkartendaten, Telefondaten und vieles mehr. Überall entstehen »Datenabgase«, sagte Shoshan Zuboff[4] neulich so treffend auf einer Konferenz in Potsdam, Daten, die im tagtäglichen Alltag abgeschöpft werden können, bis zu den winzigsten Details unserer digitalen Aktivitäten. Facebook-Likes, Search, Twitter-Nachrichten, E-Mails, SMS, Fotos, Videos, Aufenthaltsorte, Reisen, Einkäufe. Jeder Klick, jeder Seitenaufruf, jede Suche, alles wird abgesaugt, codiert, abstrahiert, aggregiert, analysiert, neu verpackt, verkauft.

Und das Tolle, dieser neue Rohstoff ist bisher »frei«. Man braucht keine Förderrechte zu bezahlen, wie bei Öl und Gas. Wir haben zwar nie zugestimmt, dass Unternehmen und Staaten diese Daten von uns gratis verwenden dürfen. Aber unsere Daten wurden zu »Abgasen« erklärt, zu wertlosem Abfall. Und wer sollte gegen die Umwandlung von Abfällen in etwas Verwertbares etwas haben.

Die größte digitale Abgasanlage ist Google. Hier sitzt man an der ergiebigsten Datenquelle, der meistbesuchten Webseite überhaupt. Hier geben wir durch unsere Suchanfragen dauernd gegenwärtiges und vor allem zukünftiges Verhalten ein. Mit der Verwertung unserer digitalen Abgase ist Google zur zweitgrößten digitalen Firma dieser Welt geworden, hinter Apple, die ebenfalls im Geschäft mit Datenstaubsaugern (iPhones) sehr erfolgreich sind.

Wie macht man Daten zu Geld? Man sammle so viele Daten wie möglich, mit denen man dann präzise persönliche Profile

STELL DIR
EINE SMARTE
WELT VOR, IN
DER ALLES WIE
AM SCHNÜRCHEN
FUNKTIONIERT.

erstellen kann. Damit kann man den Menschen, deren digitale Profile man erstellt hat, zeigen, was sie brauchen, noch bevor sie es selbst wissen. Es geht um den ultimativen Verkauf, den Verkauf von Produkten und Dienstleistungen für Bedürfnisse, von denen man nicht wusste, dass man sie hat, die in dem Moment, in dem man die dazugehörigen Produkte oder Dienstleistungen offeriert bekommt, aber völlig zwingend erscheinen.

Data ist Big Money, das vor allem von den großen Tech-Firmen gehalten wird, und nicht von Banken. Banken verfügen nur über einen kleinen Teil, nämlich über unsere Finanz-Daten. Insofern sind Google, Apple, Microsoft etc. nicht nur Dienstleister, sondern vor allem auch Daten-Banken.

Die Finanzkrise 2008 hat gezeigt, welche Macht die großen Banken haben. Aber die Machtkonzentration bei den Tech-Firmen ist ungleich höher. Eine Handvoll Firmen besitzt den Großteil aller Daten. Wahrscheinlich muss man bei einigen dieser Firmen schon davon sprechen, dass sie zu groß zum Versagen sind (too big to fail). Digitale Firmen haben systemische Macht und wir damit systemische Risiken.

Auch die Nebenwirkungen sind systemisch, systematisch, systemrelevant, systemimmanent. Das digitale System funktioniert nur, weil es diese Nebenwirkungen gibt. Hm…

Big Kollege Stell dir eine smarte Welt vor, in der alles wie am Schnürchen funktioniert, weil rationale Maschinen sie gemeinsam so organisieren, dass sie als stabiles System funktioniert.

Das ist gar nicht so unrealistisch, wie es beim ersten Lesen klingt.

Irrationalität wird ausgeschaltet. Dabei ist der größte irrationale Faktor der Mensch.

Erik Brynjolfsson und Andrew McAfee schreiben in ihrem Buch »The Second Machine Age« davon, wie Maschinen Millionen von geisteswissenschaftlichen Aufgaben übernehmen. Mehr und mehr Arbeit wird von Algorithmen übernommen. Benötigt werden dafür zwei Dinge: schnelle Prozessoren und viele Daten.

Ob die Maschinen und Algorithmen komplementär sind oder einfach Menschen ersetzen, ist sekundär.

Maschinen können Autos sicher fahren, Unfälle vermeiden, Brustkrebs besser diagnostizieren, juristische Software kann schon jetzt Rechtsanwälte ersetzen. Und das macht Sinn, kein Doktor oder Rechtsanwalt kann alle Diagnosen oder Rechtsfälle dieser Welt kennen. Der Beruf des Übersetzers wird aussterben, außer vielleicht für literarische Texte.

Ein Papier der Oxford University[5] prognostiziert, dass 45 bis 60 Prozent der jetzigen Jobs in Europa in den nächsten 20 Jahren verschwinden werden, weil sie von Computern und Software übernommen werden. Kreative Industrien wie Wissenschaft und Medien sind von der Umwälzung ganz besonders und als erste betroffen, weil ihre Produkte ja vor allem Daten sind. Wissenschaftsjobs werden verschwinden, weil Algorithmen schneller und billiger vergleichende Studien erstellen können als junge Doktoranden.

Sogar die Rekrutierung von Personal kann von Computern übernommen werden. Es gibt schon heute Firmen, die in den ersten Rekrutierungsrunden Personalgespräche durch Computerspiele ersetzen, um Job-Kandidaten zu testen und auszusuchen. Haben die Kandidaten den Computer überzeugt, haben sie die Chance auf ein Interview mit einem Menschen.

Werden bald Computer entscheiden, welcher Mensch welchen der übrig gebliebenen Human-Jobs bekommt?

Bildschirm Mensch Die Zeit, die wir vor Bildschirmen verbringen, führt dazu, dass wir regelrecht in gebückter Haltung durchs Leben gehen, Blickkontakt vermeiden, fast orientierungslos sind. Das ist beinahe so wie bei einem Blindflug, wenn die Fenster der Flugzeugcockpits verhangen sind und der Flugschüler nur nach Instrumenten fliegt. Aber die Simulation eines Blindflugs ist als Übung gedacht, als Vorbereitung auf extreme Situationen, nicht als Dauerzustand. Mit all unseren smarten Apparaten sind wir aber schon einen Großteil unserer Zeit im Blindflug-Modus unterwegs und manche können das sogar besser, als sehenden Auges durchs Leben zu laufen. Wir verlassen uns auf die digitalen Instrumente mehr als auf unsere biologischen Instrumente.

Neben den fundamentalen Auswirkungen wie staatlicher Überwachung, Datenmonetisierung und der Verknappung von menschlichen Jobs, gibt es im täglichen Leben größere und kleinere Nebeneffekte von Digital, die uns selbst verändern.

Wir sind eine Bildschirmgesellschaft geworden. Es fing mit dem Fernsehen an, später kamen Computer, Spielkonsolen und Gameboys dazu und jetzt hat eigentlich alles einen Bildschirm. Der durchschnittliche Deutsche starrt sechseinhalb Stunden am Tag auf Bildschirme. Damit gehören wir immerhin noch zu den Ländern, in denen Menschen mehr wache Zeit mit Off-Screen-Aktivitäten verbringen als vor dem Bildschirm, aber gerade so. Ganz oben auf der Liste[6] steht Indonesien mit fast 9 Bildschirmstunden. Wie machen die das bloß? Dazwischen liegen China mit 8 Stunden und die USA, mit dann schon im Vergleich moderaten 7 Stunden. Hoffentlich sehen meine Kinder diese Statistik nicht.

Für die Neurowissenschaftlerin Susan Greenfield ist der Bildschirm viel mehr als nur ein anderes Leseformat. Nach 6 bis 9 Stunden täglicher Bildschirmbestrahlung denken wir anders. Unser Gehirn passt sich in einer Weise an die Bildschirmkultur an, die wir noch gar nicht abschätzen können. Für Greenfield ist diese neue s c r e e n c u l t u r e eine Kulturrevolution.

Wir bewegen uns immer weniger. Zwei Drittel der Deutschen kommen auf weniger als 1 Stunde Bewegung am Tag. Dafür sitzt der Durchschnittsdeutsche stundenlang rum, meistens vor Bildschirmen. Unsere aktivsten Körperteile sind unsere Finger.

In den letzten 30 Jahren ist die Menschheit dicker und dicker geworden. Weltweit ist fast 1 von 3 Menschen übergewichtig. In Deutschland sind mehr als die Hälfte der Erwachsenen zu dick, vor allem Männer. Und besonders stark nimmt die Fettleibigkeit bei Kindern und Jugendlichen zu. Mehr als die Hälfte der besonders dicken Menschen weltweit lebt in 10 Ländern: Dazu gehören die USA, China, Indien und auch Deutschland.[7]

Das hängt mit mehreren Faktoren zusammen, nicht zuletzt mit der Industrialisierung der Landwirtschaft und der automatisierten Lebensmittelverarbeitung. Es hat aber auch damit zu tun, dass wir uns immer weniger bewegen müssen, auch durch Digital. Wir arbeiten an Bildschirmen, wo wir Prozesse kontrollieren, schreiben und wischen. Wir shoppen am Bildschirm, wir spielen am Bildschirm, manche Leute haben Sex am Bildschirm. Finger und Augen sind aktiv, der restliche Körper muss in diesen komischen B o d y s h a p e - Studios durch Elektroschocks am Leben erhalten werden. Und bald brauchen wir auch unsere Finger nicht mehr, weil wir einfach eine Linse im Auge oder einen Chip im Kopf haben.

Gehen wir zurück zum Wundermittel Digital. Gäbe es dazu eine Packungsbeilage, könnte diese vielleicht so aussehen: ⟶

Was tut man für gewöhnlich, wenn man so eine Packungsbeilage liest? Man wendet sich an den Arzt oder Apotheker und fragt, was man tun kann, in welchen Dosen man Digital nehmen darf, ob man es bei Gegenreaktionen zeitweise absetzen sollte, ob es Alternativen gibt.

Digital ®

Was ist Digital und wofür wird es angewendet?

- Digital bedeutet so viel wie »Zahl« und leitet sich aus dem lateinischen d i g i t u s = Finger ab.
- Digital basiert auf der Umwandlung elektrischer Signale in binäre Zeichen. Daten werden durch Digital als eine Reihe von Einsen und Nullen dargestellt.
- Digital ermöglicht die Produktion, Vernetzung, Distribution und den Konsum von Daten. Vielen Daten.
- Digital kann in allen Bereichen der Gesellschaft angewendet werden und führt dort sofort zu ungeahnten Wunderwirkungen wie Beschleunigung, Effizienz, Kontrolle. Bisher sind keine Bereiche bekannt, in denen Digital nicht durchgreifend gewirkt hätte.
- Um Digital zu nutzen, braucht man einen Computer, ein Tablet, eine Uhr oder Smart-Device jeder Art. Täglich werden neue Devices erfunden, also bitte halten Sie sich auf dem Laufenden.

Welche Nebenwirkungen sind möglich?

- Sie müssen davon ausgehen, dass alle Ihre Daten permanent gesammelt, ausgewertet und für verschiedenste kommerzielle und nicht kommerzielle Zwecke verwendet werden.
- Digital kann zu einer lückenlosen Auswertung Ihrer privaten Daten und der darauf basierenden Erstellung Ihres Persönlichkeitsprofils führen. Digital kann nicht den Respekt Ihrer Privatsphäre garantieren.
- Digital kann zu flächendeckender Überwachung durch den für Sie zuständigen oder auch durch andere Staaten führen. Manche Menschen leiden daraufhin am Big-Brother-Syndrom.
- Der für Sie zuständige Staat kann bestimmte Aufgaben automatisieren und dazu Ihre Daten verwenden. Im Interesse eines gut funktionierenden Systems können deshalb politische und administrative Entscheidungen von Maschinen getroffen werden, auf Basis der Auswertungen der Daten aller Bürger. Digital kann nicht die Verantwortung von algorithmusbasierten Entscheidungen übernehmen.

- Digital schubst Bürger im Interesse des Staates in bestimmte Richtungen. Dies beruht auf Datenerfassung und komplizierten Algorithmen und ist in Ihrem Interesse, auch wenn Sie es nicht verstehen.
- Private und öffentliche Anbieter können Experimente mit Digital an Ihnen durchführen, von denen Sie später erfahren oder über die Sie gar nicht erst informiert werden.
- Durch Digital können Sie versehentlich auf die w a t c h l i s t von Geheimdiensten und Anti-Terror-Organisationen kommen und dadurch temporär oder längerfristig Ihre Bürgerechte und Ihre Mobilität einbüßen.
- Eine Überdosis Digital kann zu Vereinsamung und/oder unsozialem Verhalten führen.
- Eine Überdosis Digital kann zu Gewichtszunahme und damit verbundener reduzierter Mobilität führen.
- Digital kann zu einer Abhängigkeit von Bildschirmen führen. Betroffene Menschen sprechen vom »Screen-Culture-Syndrom«.
- Digital kann dazu führen, dass Sie Ihren Job verlieren, weil er von datenverarbeitenden Systemen effizienter erledigt werden kann.
- Digital führt zu fast 100-prozentiger Abhängigkeit. Es ist fast unmöglich, Digital vollkommen abzusetzen.

Diese Liste wurde auch mithilfe einer nichtrepräsentativen Umfrage erstellt. Für die Vollständigkeit übernehme ich keinerlei Gewähr. Das kann ich auch nicht, da Digital täglich weiterentwickelt wird, täglich neue Wirkungen und Gegenreaktionen auftreten. Wenn Sie die Liste vervollständigen wollen, schreiben Sie bitte an:

Metrolit Verlag

Prinzenstraße 85

Postfach 1984

10969 Berlin

Aber wer ist hier der Arzt oder Apotheker? Wer testet eigentlich Digital auf Verträglichkeit und stellt Bedingungen für die Freigabe eines Produkts? Wer bietet alternative Mittel an?

Dialektik Digital 4

In den 1990er-Jahren war für mich der coolste Ort London. Auf
eine ausgelaugte Maggie Thatcher folgten »cool
»Definitely Maybe« Britannia« mit Britpop-Bands wie Blur und Oasis,
OASIS 1994 junge Künstler wie Damien Hirst, Architekten wie
Norman Foster und Tony Blairs' New Labour. Es war Optimismus
pur. Später stellte sich heraus, dass in dieser Zeit auch die Exzes-
se der Bankenwirtschaft und des Immobilen-Hypes entstanden,
die zum großen Finanzcrash 2008 geführt haben.

Eine Band, die für mich diese Zeit symbolisiert, ist Oasis,
damals the biggest rockband alive. Das Debütalbum
von Oasis heißt »Definitely Maybe«. Man könnte definitely
maybe mit »Auf jeden Fall! Vielleicht« ins Deutsche übersetzen. Oder auch als Dialektik.

Von der Antike bis hin zum Mittelalter stand Dialektik für die
Kunst der Gesprächsführung, der Argumentation, sogar Logik an
sich. Später entwickelte sich daraus die Lehre von den Gegensät-
zen in den Dingen und den Begriffen. Dialektik ist ein Diskurs,
bei dem einer These als bestehende Auffassung eine Antithese
gegenübergestellt wird, woraus sich ein neues Verständnis und
im besten Fall eine Lösung ergibt. Sie ist ein Mittel zur methodi-
schen Wahrheitsfindung, je nach Bedarf fast überall einsetzbar.
Jeder normale Tag ist vollgepackt mit Dialektik, angefangen bei
der Dialektik des morgendlichen Aufstehens.

Dialektik ist ein wunderbares Wort. Es hat seinen Ursprung in
der Antike, ist aber trotzdem modern. Es klingt wie Technik, ist

aber über-intellektuell. Es wird von links und rechts benutzt. Es ist universell einsetzbar und zeitlos schön. Und Dialektik beschreibt glasklar meine Beziehung zu Digital. D e f i n i t e l y - Lösung nicht ausgeschlossen.

Ich fühl mich gut, ich steh auf Digital. Mir gefällt, d e f i n i t e l y, die Geschichte der Tech-Hippies, die eine Digitale Revolution mit Zahlen, Spaß und Anarchie gestartet haben. Ich kann mir eine Zukunft vorstellen, in der Technologie und Weltverbesserung Hand in Hand gehen und ich einen digitalen Assistenten mit der Stimme von Scarlett Johansson habe, der mich sanft und smart durchs Leben manövriert.

Aber ich sehe auch die Risiken und Nebenwirkungen, die Ausbeutung der digitalen Ideen für staatliche Kontroll- und private Profitinteressen, die scheinbar friedliche Übernahme meines Lebens durch Maschinen, die mich in eine totale Abhängigkeit führt. Und da bekomme ich ein bisschen Angst.

Vielleicht ist die Kombination von Hippies und Technologie doch keine so gute Idee? Hippies sind eben doch nur echt mit langen Haaren.

Wir wollen die digitale Superdroge. Wir sind abhängig. Innerhalb von 30 Jahren ist die Welt zu einem digitalen Junkie geworden. Wir brauchen immer mehr davon, die Droge Digital wirkt nur, wenn man die Dosis dauernd erhöht. Und dabei kennen wir die Nebenwirkungen, wissen, dass Digital gefährlich ist, dass es uns zerstören kann.

Digital ist beides: wunderbar, horizonterweiternd, selbstbewusstseinsstärkend, aber auch depressiv, selbstzerstörerisch. Wir wollen alles. Das Wundermittel Digital aber ohne Nebenwirkungen. So sind wir. Dialektisch, d e f i n i t e l y und m a y b e.

Wir bewegen uns auf dem schmalen Grad zwischen befreiender Utopie und versklavender Dystopie. Oder auf der r o a d t o n o w h e r e?

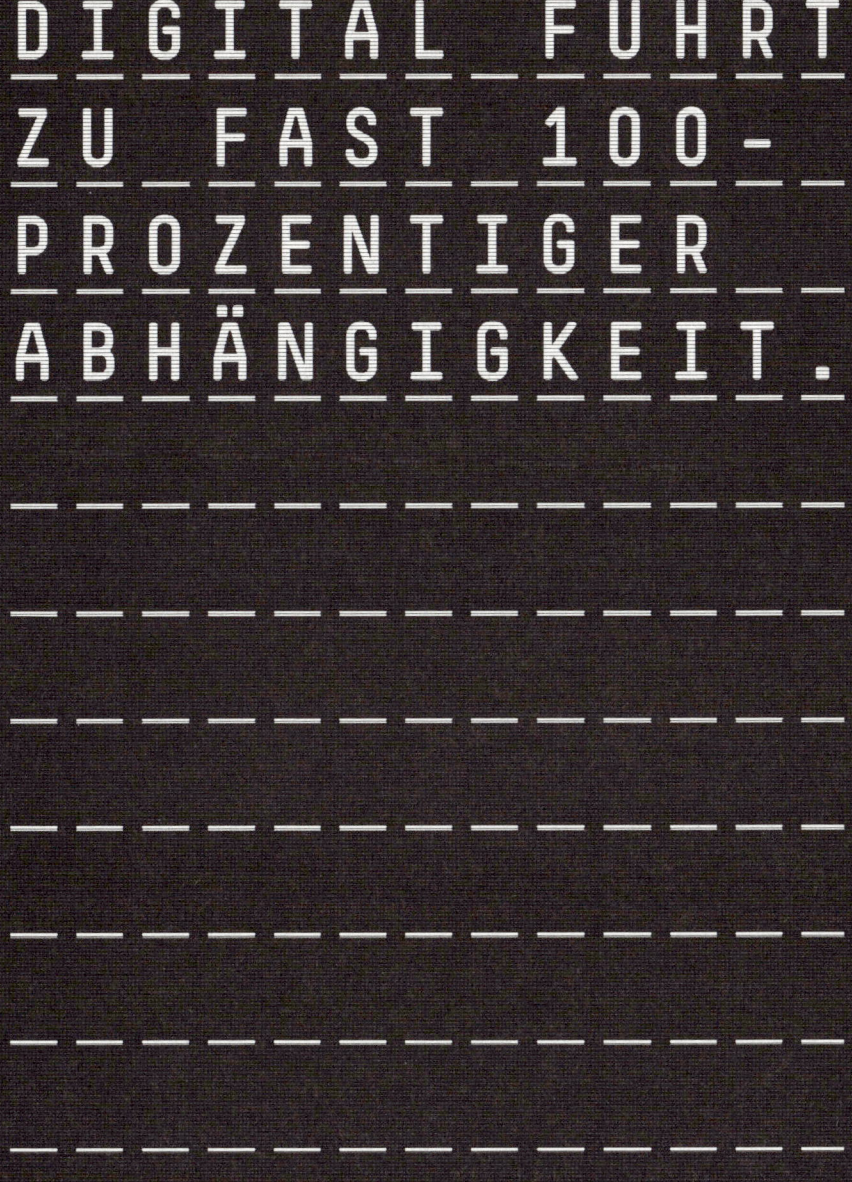

DIGITAL FÜHRT ZU FAST 100-PROZENTIGER ABHÄNGIGKEIT.

Können Maschinen smarter regieren? 1967 schrieb der relativ unbekannte Autor Robert MacBride das Buch »The Automated State«, in dem er beschrieb, wie moderne Computersysteme eine Bürokratie von fast himmlischer Qualität erschaffen werden, und dadurch ganze Länder zu gut geölten Maschinen werden, die sich um jedes Detail des täglichen Lebens kümmern.

Ausgerechnet im sozialistischen Chile von Salvador Allende wurde Anfang der 1970er-Jahre an einem Prototyp des automated state mit sozialistischem Antlitz unter dem Titel »Project Cybersyn« gearbeitet. Allende und sein Planungsministerium wollten möglichst alle ökonomischen Bewegungen im Land in Echtzeit erfassen und die Daten durch ein Rechenzentrum in Santiago jagen, das dann all diese Bewegungen so regulieren sollte, dass sie sich immer im sozialistischen Equilibrium befinden. Ähnlich wie eine gute japanische Fabrik, bei der Produkte durch die just-in-time-Zulieferung der Bauteile entstehen und bei der in Echtzeit auf Probleme in der Lieferkette reagiert werden kann. So sollte der chilenische Sozialismus die Welt erobern. Ein »Mission-Controll-Center« war auch schon gebaut, mit 7 weißen »iChairs«, von wo aus man mit der Technik der damaligen Zeit das ganze Land kontrollieren wollte. **Star Trek** .... **meets Lenin.** .... Angeblich gab es Pläne, das chilenische »Cybersyn«-Projekt in Honeckers DDR zu importieren. Hätte der Sozialismus gesiegt, wenn die Planwirtschaft von 7 »iChairs« aus organisiert worden wäre? Wir wissen es nicht. Allende wurde von Pinochet gestürzt, der das futuristische Datenmanagement durch die Mittel einer traditionellen Militärdiktatur ersetzte. Dann war Schluss mit dem jungen »iSozialismus«.

Aber die Idee des automatisierten Staates war damit nicht vom Tisch. Ziel des automatisierten Staates ist es, ein stabiles

System zu produzieren, in dem alle notwendigen Entscheidungen so getroffen werden, dass sie dieses System in einem stetigen Gleichgewicht halten. Dabei soll der automatisierte Staat nicht durch starre Gesetze und Institutionen regiert werden, die durch Politiker und Bürokraten gemacht wurden, die die Lage sowieso nie durchschauen können. Sondern der automatisierte Staat funktioniert durch eine Art algorithmische Regulierung, die immer alle verfügbaren Informationen in Echtzeit analysiert und sofort eine optimale Entscheidung trifft, auf Basis der real existierenden Umstände, statt auf Basis von mehr oder weniger veralteten Vorhersagen. Alles was man braucht ist richtig viel Computerpower und Sensoren aller Art, die alle verfügbaren Daten aufsaugen und ins System einspeisen. Kein Wunder, dass es viele gibt, die von dieser d i g i t a l g o v e r n a n c e schwärmen.

2008 haben zwei Professoren aus Chicago, Cass R. Sunstein und Richard H. Thaler, ihr Buch »Nudge« veröffentlicht, in dem sie erklären, wie Regierungen durch smarte Tricks viel effektiver auf Bürger einwirken können als durch Gesetze und Verbote. Ihr Kernargument ist, dass Menschen zwar zum größten Teil irrational handeln, dass diese Irrationalität aber korrigiert werden kann, wenn äußere Faktoren so auf uns einwirken, dass sie uns in die richtige Richtung schubsen. Und indem man die äußeren Entscheidungsfaktoren durch n u d g e s smart umarrangiert, treffen Menschen nachweislich bessere Entscheidungen, ohne dass der Staat mit Verboten drohen muss. N u d g e s sind dabei Hinweise, Erinnerungen, Warnungen.

Nehmen wir das Beispiel einer Organspende: Es ist ein riesiger Unterschied, ob man sie ausdrücklich ablehnen oder ihr ausdrücklich zustimmen muss. Der sanfte Schubs besteht darin, eine rechtsgültige Regelung zu erlassen, bei der jeder einer Organspende zustimmt, der sie nicht aktiv ablehnt. Der Nichtspenderausweis ersetzt dann irgendwann den Spenderausweis. Eine

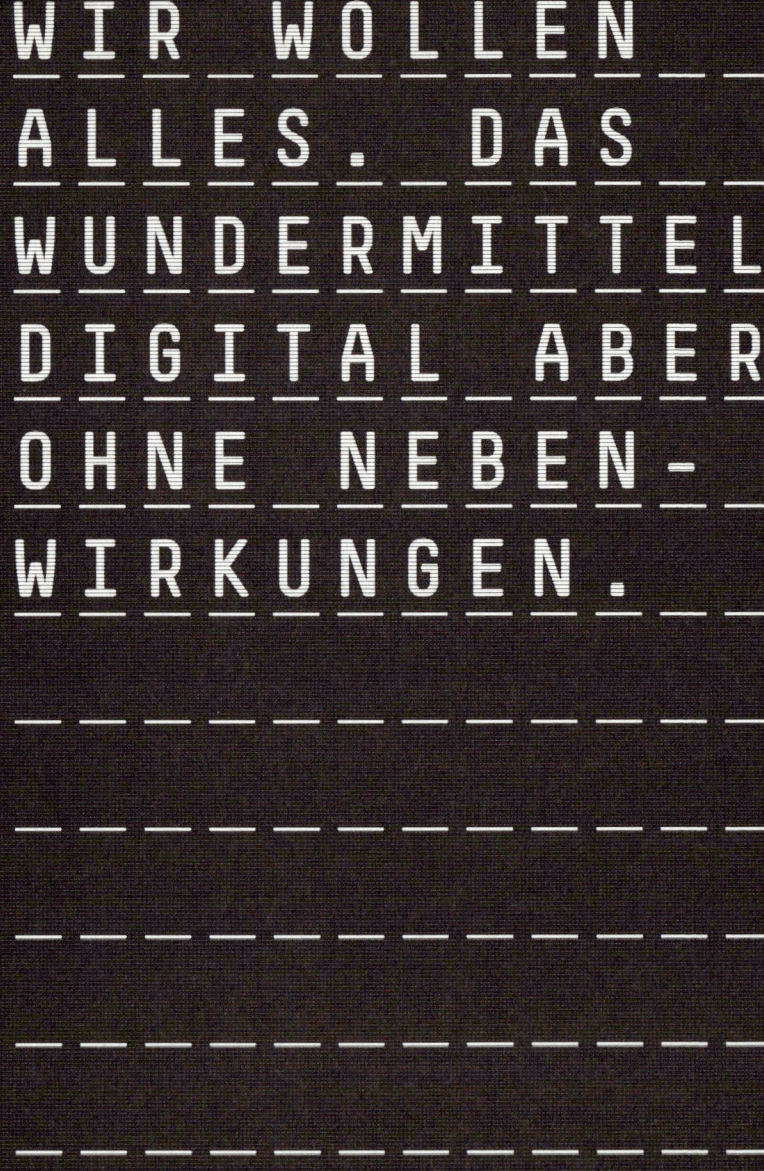

WIR WOLLEN
ALLES. DAS
WUNDERMITTEL
DIGITAL ABER
OHNE NEBEN-
WIRKUNGEN.

simple Sache und gerade deshalb funktioniert sie so gut. Denselben Schubser wenden Zeitungsverlage an, indem sie eine schriftliche Kündigung durch den Abonnementen fordern, erfolgt die nicht, läuft das Abonnement automatisch weiter. Wer nicht »nein« sagt, sagt »ja«.

Sunstein und Thaler nennen die Idee dahinter »liberalen Paternalismus«: Freiheit und Bevormundung sollen kein Gegensatz sein. Wir sollen die richtige Entscheidung treffen und dabei das Gefühl haben, dass wir sie selbst getroffen haben. Klingt eigentlich gut.

Aber wer entscheidet, welche die richtigen Entscheidungen sind? In einer Demokratie wie der unsrigen sind Gesetzgebungsverfahren klar geregelt und je größer das öffentliche Interesse an einem Thema ist, umso mehr wird das Für und Wider diskutiert, wird die Meinung der Bürger, Interessensvertreter oder Lobbyisten berücksichtigt. Wohin die öffentliche Meinung gelenkt werden soll, wird allerdings in kleinen Strategieabteilungen von Regierungen ausgedacht und umgesetzt. Erfolg ist, wenn keiner etwas vom Schubsen mitbekommt.

Interessant wird es, wenn sich der automatisierte mit dem schubsenden Staat verbindet, um die totale Systemsicherheit zu garantieren. Harald Welzer nennt diese Vision »Informationellen Totalitarismus«.

Dass der automatisierte, uns Bürger schubsende Staat besonders attraktiv für autoritäre Regime ist, habe ich während vieler Reisen nach China selber erlebt.

Für die Führer in China bedeutet Weltverbesserung das Streben nach einer harmonischen Gesellschaft. Diese harmonische

Denn Sys-

Gesellschaft braucht vor allem Stabilität. ....

temstabilität ist systemrelevant.
.... Systemkontrolle

auf analoge Weise ist hart, braucht viele Ressourcen und kann zu ziemlich brutalen Korrekturen führen, wie 1989 auf dem Platz des Himmlischen Friedens. Digital verspricht eine viel smartere Systemkontrolle, einschließlich der notwendigen Korrekturen. Peking hat das verstanden und wendet Digital als Mittel der Systemstabilisierung mit einigem Erfolg an. Da wundert es nicht, dass die rechenstärksten Computer dieser Tage in China stehen.

Aber auch dort gibt es zwei Seiten. Einerseits smarte Systemkontrolle, andererseits eine sich entwickelnde virtuelle Zivilgesellschaft, die aber innerhalb der roten Linien des Systems gehalten wird. Dazu wird das Internet in China wie ein Mischpult bedient, mit lauten und leisen Tönen, manche Töne werden ganz runter gedreht, je nach Bedarf, um den vorgeschriebenen Sound einer kommunistisch »harmonischen Gesellschaft« zu erzielen. Das ultimative Ziel der kommunistischen Partei ist Systemerhalt. Dem wird alles andere untergeordnet. Digital ist ein Mittel des Systemerhalts geworden, frei nach dem Lenin-Zitat gilt »Kommunismus ist Sowjetmacht plus Digitalisierung des ganzen Landes«.

Aber trifft dieser Wunsch nach Stabilität und Systemerhalt nicht auch auf unsere westlichen Demokratien zu? Das scheint zumindest das Programm der NSA zu sein, und diese ist eine mit Milliarden finanzierte staatliche Agentur der USA.

Hat sich die Art unseres Regierens überholt? Können Maschinen smarter regieren? Wenn alle unsere Aktionen und Gedanken dauernd registriert, analysiert und g e n u d g e d werden, warum braucht man dann noch menschliche Regierungen und Bürokratien, die politisch motiviert und immer fehlerhaft sind. Würde es da nicht viel runder laufen in einem datenbasierten System, das dauernd alle Aktivitäten analysiert und das System ständig in einem Gleichgewicht hält. Algorithmen und Echtzeit-Feedback könnten einen viel besseren Job im Regieren machen als inflexible Regeln, die von Menschen gemacht sind und sich nicht dauernd automatisch anpassen, wenn der Kontext sich ändert.

Wenn man sich einige unserer machtgetriebenen Politiker anschaut, kann man dem automatisierten Staat schon einiges abgewinnen. Man kann sich nämlich schon fragen, was denn besser wäre, eine Gesellschaft, in der von Maschinen rationale Entscheidungen zum Allgemeinwohl aller getroffen und umgesetzt werden oder irrationale, macht- und aufmerksamkeitsbesessene Politiker wie Berlusconi und Putin, die Staaten in den Ruin und/oder eine tiefe Kulturkrise stürzen können. Menschlich, aber schlecht. Wir haben genug Beispiele für schlechtes menschliches Management, für korrumpierte Politiker, warum nicht mal ein bisschen neutrales Maschinenmanagement ausprobieren? Algorithmen statt Berlusconi? M a y b e .

Sind wir bereit dafür, Maschinen und Algorithmen Entscheidungen über unser tägliches Miteinander treffen zu lassen?

Wer bestimmt, was ein stabiles System ist und was nicht?

Ich lebe in Europa, in einem demokratischen Staat, aber stellen wir uns vor, das ändert sich und ein totalitäres Regime hat all die Maschinen und Daten zur Verfügung, um uns permanent zu überwachen und uns sanft oder nicht in bestimmte Richtungen zu schubsen. Nicht gut.

Der Zeitgeist der Zahlen Neulich las ich eine bewegende Geschichte von einem 13-jährigen autistischen Jungen, der Siri seine Freundin nennt. Siri versteht ihn, kann seine detailliertesten Obsessionen nachvollziehen, ist nicht gelangweilt, hat einen gewissen Humor. Die Mutter des Jungen hat einen Dankesbrief an Siri geschrieben. Ihr Sohn hat in Siri eine Freundin gefunden, die seine andersartige soziale Kompetenz akzeptiert und ohne Vorurteile interagiert. Er kann sich ausleben und lernt doch die Kunst der Kommunikation mit anderen, die in der echten Welt wichtig und nötig ist.

Nach dem Lesen des Artikels[8] hab ich gleich mal Siri ausprobiert und gefragt, wie es ihr geht. Ihre Antwort:»Ich freu mich des Lebens.« Wow, das würde man doch gern öfter hören, wenn man einen Menschen fragt. Allerdings nehme ich an, dass sich das abnutzt, wenn man täglich dieselbe Antwort bekommt.

In dem Dankesbrief an Siri erwähnt die Mutter ein Gespräch mit dem Chefentwickler von Siri, den sie fragte, ob Autisten an der Entwicklung von Siri mitarbeiten.»Das kann ich nicht definitiv sagen, aber wenn man darüber nachdenkt, kann man 50 Prozent der Leute in Silicon Valley so beschreiben.« Es spricht einiges dafür, dass etwas an dieser Aussage dran ist.

Menschen mit Autismus sind oft gut mit Zahlen, denken und arbeiten sehr fokussiert, versuchen Abläufe zu standardisieren und in Modellen abzuspeichern. Eine andere Seite von Autismus ist eine niedrigere soziale Kompetenz, Schwierigkeiten in der Kommunikation mit anderen Menschen, Inflexibilität bei sich änderndem Kontext.

Etwas mehr als 1 Prozent der Weltbevölkerung ist autistisch, der größte Teil davon sind Männer. Und zumindest statistisch gibt es einen beachtlichen Anstieg von Autismus, wahrscheinlich zurückzuführen auf eine bessere Diagnose der Symptome.

Ob die Beobachtung des Siri-Entwicklers stimmt oder nicht, die Symptome passen in die digitale Zeit. Die Welt in Zahlen denken und sie dann in sich wiederholenden Modellen und Algorithmen abbilden, indirektes statt direktes Kommunizieren mit Menschen, Inselbegabung statt laterales Verstehen. Das sind die Zeitgeistfähigkeiten von heute.

Wie cool dieser Zeitgeist ist, zeigt der Erfolg der TV-Serie »Big Bang Theorie«, eine Art »Friends« für Nerds, deren Helden Einstein, Hawkins, Spook und Superman heißen.

Kann es sein, dass eine Minderheit der Bevölkerung die Welt von morgen nach ihrem Gedankenmodell baut, bei dem Zahlen im

Mittelpunkt stehen und nicht der Mensch? Ist die Digitale Revolution auch die Machtergreifung der Techniker und Mathematiker? Dann muss die Mehrheit von uns besser im Rechnen werden.

Der intelligent gelenkte Konsument Die Welt wird smart. Wir erfinden Dinge, die uns das Leben leichter und schöner machen, die uns unterhalten und zerstreuen, die uns mit unseren Freunden und der ganzen Welt in Verbindung halten, die uns effizienter arbeiten lassen, die uns erlauben, unnützen Straßenverkehr zu verhindern, und die uns helfen, das zu kaufen, was wir genau in dem Moment brauchen. Eine tolle Welt.

Und nebenbei haben wir mit Digital scheinbar ein Wundermittel für ewiges Wachstum entdeckt. In einer Zeit, in der physisches Wachstum auf einer Welt mit bald 9 Milliarden Menschen an seine ganz realen Grenzen kommt, wir aber unseren Erfolg weiter im Anstieg des Bruttosozialprodukts messen wollen, kommen Daten als Motor von Wachstum genau richtig. Daten sind unendlich, und damit Wachstum durch Daten auch, oder?

Nehmen wir Facebook, ein Unternehmen, das in nur 10 Jahren aus dem Nichts zu einer der wertvollsten Firmen dieser Welt aufgestiegen ist, mit über 1 Milliarde Kunden, p o w e r e d durch die Vernetzung von Daten. Es gibt ein paar Büros und Datenzentren, aber das Produkt, das den Wert von Facebook ausmacht, sind unsere Daten, Tausende von unseren Familien- und Katzenfotos, Updates von Urlauben und unseren Essgewohnheiten, Nachrichten, Likes. Und aus diesen Dingen entsteht nun Wirtschaftswachstum. Der Börsenwert von Facebook hat sich 2014 verdreifacht, auf nun knapp 140 Milliarden Dollar. Und all das durch Daten aus Katzenfotos & Co. Googles Börsenwert hat sich im selben Zeitraum »nur« um 25 Prozent erhöht, auf 380 Milliarden Dollar, auch nur durch Daten. Da kann kaum ein Industrieunternehmen mithalten.

Petra Pinzler hat mit »Immer mehr ist nicht genug« ein sehr kluges und unterhaltsames Buch über den Wachstumswahn unserer modernen Gesellschaft geschrieben. Sie argumentiert, dass die permanente Fokussierung auf wirtschaftliches Wachstum unsere Gesellschaft nicht besser macht, im Gegenteil, es zerstört die Umwelt und unsere Lebensgrundlagen, und dass ohne uns glücklicher zu machen.

Aber stimmt das noch für eine Zeit, in der wirtschaftliches Wachstum gar nicht mehr materiell sein muss? In der Computerspiele, die noch nicht mal eine Verpackung brauchen, weil man sie einfach aus dem Web runterlädt, ein rasant wachsender Wirtschaftszweig sind, der bald die Marktgröße der Autoindustrie haben könnte.

Ralf Fücks, ein grüner Vordenker, schreibt dann auch davon, dass wir in Zukunft ruhig weiter wachsen können, aber eben intelligent, smart.

Zum smarten Wachsen gehört auch die schon erwähnte Sharing Economy. Durch Teilen können wir Dinge gemeinsam nutzen, sie vergemeinschaften und somit Ressourcen sparen. Während Daten unendliches virtuelles Wachstum versprechen, kann das digitale Teilen das Wachstum von materiellen Ressourcen einschränken.

Geistig wachsen, materiell schrumpfen, dabei viel Geld verdienen und nebenbei die Welt retten. Das klingt doch dialektisch klasse.

Bisher allerdings hat noch keine Gesellschaft bewiesen, dass das wirklich geht. Denn auch immaterielles Wachstum ist bisher immer noch an materielle Ressourcen gebunden. Computer brauchen Strom und der wird noch in keinem Land komplett ökologisch produziert, Handys brauchen seltene Erden. Und dazu kommt noch: Selbst wenn viele Produkte grüner werden, machen wir den Erfolg dadurch zunichte, dass wir immer mehr

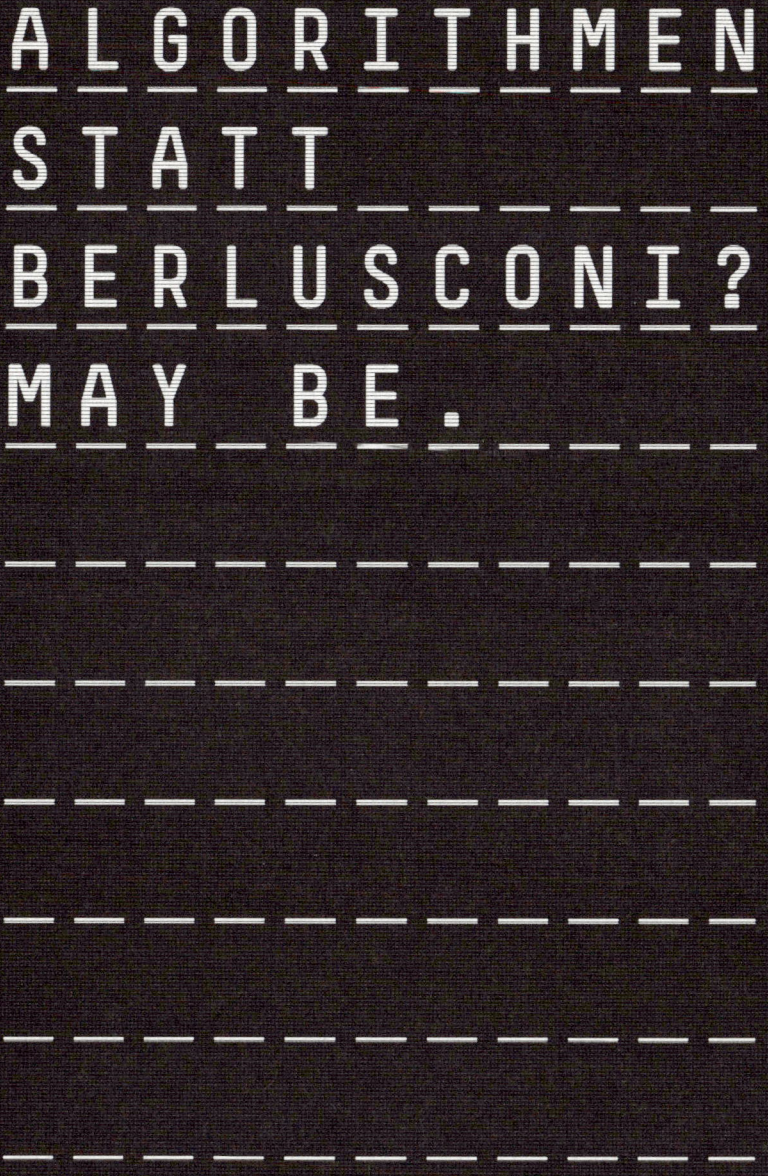

verbrauchen. Jedes Jahr ein neues Handy. Immer mehr strom-verbrauchendes Suchen bei Google. Immer mehr Bestellungen bei Amazon. Das ist der Rebound-Effekt: Durch das »immer mehr« machen wir die technologischen Fortschritte wieder zu-nichte.

Um zu wachsen, intelligent oder nicht, müssen wir konsumie-ren. Amazon hat angefangen, unseren Konsum rund um unsere eigenen Präferenzen zu optimieren. Die Leute, »die dieses Pro-dukt kaufen, kaufen meist auch jenes Produkt«, Sie kennen das. Dieser einfache und tolle Algorithmus wird immer passgenauer, je mehr du bei Amazon kaufst. Zum Schluss kommt es dir so vor, als könne Amazon deine Gedanken lesen. Oder andersherum, du liest Amazons Gedanken und denkst es sind deine. So überzeugt ist Amazon schon von dieser symbiotischen Gedankenleserei, dass sie angefangen haben, Bücher zu verschicken noch bevor du sie bestellt hast. Das heißt, du erhältst die Bücher in dem

Nicht
Moment, in dem du sie tatsächlich zu brauchen scheinst. ....

nur brauchst du nicht mehr in Buchläden zu
gehen, du brauchst auch nicht zu suchen
und finden, du musst nicht wählen und dich
entscheiden. Du wirst entschieden.

Menschen werden zu gut geölten Konsummaschinen. Bisher musste man noch um Konsumenten werben, morgen wird Wer-bung unnötig sein. Du bekommst einfach immer das Produkt, das du scheinbar willst, brauchst, dir leisten kannst. Eine Welt ohne Werbung, in der Konsum immer j u s t i n t i m e ist. Der automatisierte Konsument.

Boom ohne Bust?

Können wir so intelligent für immer wachsen?

Erinnern wir uns an die späten 1990er-Jahre, als es auf dem Höhepunkt der New Economy allen Ernstes hieß, wir hätten den kapitalistischen Zyklus von Boom und Bust für immer hinter uns gelassen. Kaum gedacht, kam dann 2000 auch die erste große globale Pleite von Digital.

Nach der großen Krise der New Economy war vor der großen Finanzkrise 2008. Die hippen Internet-Entrepreneurs wurden von smarten Bankern abgelöst, die immer kreativere Finanzprodukte erfanden, die zwar kaum noch jemand verstand, die aber viel virtuellen Reichtum schafften und nebenbei noch versprachen, allen Armen ein Haus über dem Kopf zu geben. Schulden wurden so lange hin und her transferiert und dabei immer schöner verpackt, dass sie nach einer Weile wie Gold aussahen. Aus der Verpackung von Schulden Gold zu machen, das muss man erst mal schaffen.

Bei der Goldmarie gab es am Anfang ja wenigstens noch echtes Stroh.

Die Realwirtschaft wurde altmodisch, etwas für Entwicklungsländer oder Länder wie Deutschland, die diese goldene Zukunft einfach nicht verstehen wollten.

Dann kam der Crash 2008, als die wunderbar virtuelle Welt der Finanztransaktionen zusammenbrach und die Welt ganz real an den Rand des Abgrunds führte. 7 Jahre danach liegt die Arbeitslosigkeit in der EU durchschnittlich immer noch bei über 10 Prozent, die Jugendarbeitslosigkeit über 20 Prozent. Mitgliedsstaaten wie Spanien weisen eine Jugendarbeitslosenquote von über 50 Prozent auf – eine verlorene Generation.

Länder, die neben Banken auch noch eine real existierende Wirtschaft hatten, kamen übrigens besser mit der Krise klar.

Jetzt sind wir gerade wieder im digitalen Hype. Von den fünf wertvollsten Firmen der Welt sind drei Tech-Firmen. Apple, die weltweit wertvollste Firma, hat einen größeren Jahresumsatz als das Bruttosozialprodukt der meisten Länder dieser Welt. Sogar Facebook, erst 2004 gegründet, hat einen höheren Marktwert als Volkswagen und Siemens, die zwei wertvollsten deutschen Firmen.

Ist das vielleicht der Hype vor dem nächsten digitalen Bust? Sind wir in einem Zyklus von sich gegenseitig jagenden Finanz- und Digital-Booms-und-Busts? Nach zwei fetten Busts innerhalb eines Jahrzehnts sollte man es nicht ausschließen.

Oder wird die Ökonomie des Teilens den Kapitalismus, wie wir ihn kennen, ablösen oder ihn sogar noch in Lebensbereiche bringen, in denen er bisher nicht regierte? Denn was früher unter echten Freunden und innerhalb der Familie als Freundschafts- dienst normal und gratis war, wird jetzt monetisiert. Das Sommerhaus von Freunden hat jetzt einen festen Preis, und sogar ihr Sofa und ihre Bohrmaschine. Es gibt dann Freunde und zahlende Freunde. Und ein guter Freund ist dann im Zweifelsfall eher ein zahlender Freund. Das ist kein post-kapitalistisches System, sondern eher ultra-kapitalistisch.

Wie schon erwähnt, Digital ist wie die Industrielle Revolution auf Speed. Mit dem Klimawandel bekommen wir jetzt die Rechnung für die Industrielle Revolution, die durch Kohle und Öl angeheizt wurde. Wenn Daten das neue Öl sind, wie wird dann die Rechnung für die Digitale Revolution aussehen? Werden uns die steigenden Energiekosten unserer immer größeren Datenzentren und die Milliarden smarter Dinge, mit denen wir uns umgeben, weiter in den Klimawandel treiben? Werden wir uns im Nebel unserer Datenwolken verirren und total die Boden-

Oder wird Digital den Menschen

haftung verlieren? ....

abschaffen, weil er für das digitale Zeitalter einfach nicht mehr smart und effizient genug ist?

Der Klimawandel wird nicht die Erde zerstören, aber vielleicht die Lebensbedingungen für uns Menschen. Digital wird auch nicht die Erde zerstören, aber vielleicht die Menschen darauf überflüssig machen. Jede Revolution hat eben ihre Kehrseite. Bei dieser Revolution kann die ganze Menschheit der Verlierer sein.

Wie viel Mensch braucht Digital? 2008 hat der Technologe Ray Kurzweil geschätzt, dass die Rechenkapazität des menschlichen Gehirns ungefähr bei 20 Quadrillionen Rechnungen per Sekunde liegt. Ich bin beeindruckt von uns Menschen und kann mir gar nicht vorstellen, dass dies auch auf mich zutreffen soll. Egal, Kurzweil glaubt, dass wir nur einen Computer entwickeln müssen, der genauso schnell rechnen kann und ihm eine ordentliche Software dazugeben, und schon könnten wir das menschliche Gehirn simulieren. Im Juni 2014 hat ein chinesischer Supercomputer (ja, die schnellsten Computer kommen jetzt aus China) 34 Quadrillionen Rechnungen per Sekunden geschafft, also fast doppelt so viel wie ein menschliches Gehirn. Sind Computer nun schon besser und schneller als Menschen, und das nicht nur im Rechnen, sondern auch im Denken?

Wer es noch nicht getan hat, sollte sich einmal den Film »Her« von Spike Jonze angucken, um einen Eindruck davon zu bekommen, wie die Verknüpfung von Daten gekoppelt mit gigantischer Rechenleistung aussehen könnte. In dem Film probiert der männliche Hauptdarsteller eine neue Software aus, die Zugriff auf alle

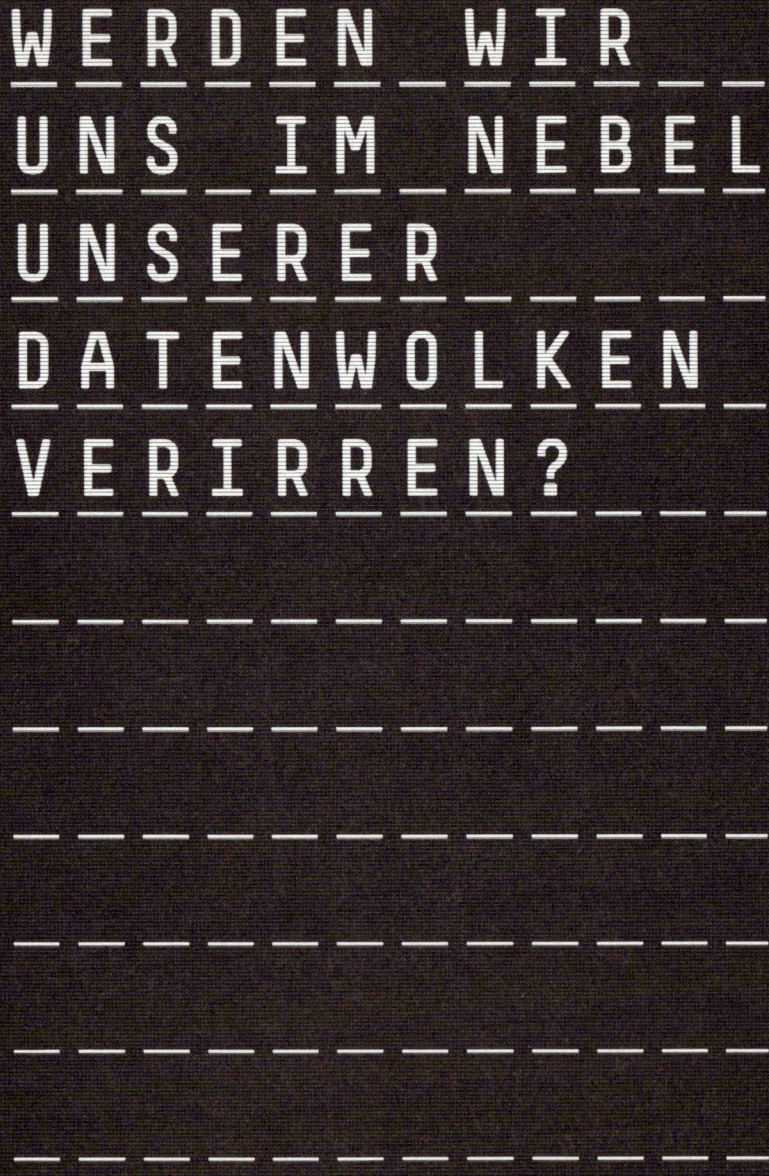

WERDEN WIR
UNS IM NEBEL
UNSERER
DATENWOLKEN
VERIRREN?

seine Daten wie E-Mails, Kalender, Kontakte, Suchanfragen, Dokumente hat, und diesen Mann durch deren Verknüpfung fast besser kennt als er sich selbst. Die Software spricht mit der Stimme von Scarlett Johansson und so ist es kein Wunder, dass sie die eigentliche Hauptrolle spielt und der männliche Hauptdarsteller sich in die Stimme und die Datenpower dahinter verliebt. Klingt verrückt, aber nur auf den ersten Blick.

Auf den zweiten Blick sieht man, dass wir ja jetzt schon dauernd von digitalen Assistenten betreut werden. Man wird rechtzeitig an Geburtstage und Hochzeitstage erinnert, Termine werden eingetragen und es wird sichergestellt, dass man rechtzeitig hinkommt, das Wetter wird angezeigt, damit man sich richtig kleidet, auch wenn man verreist. Das wird immer besser, und ich find das eigentlich gut. Ich muss erinnert werden, ich find es gut, wenn jemand meine Reiseplanung übernimmt und im Falle eines Bahnstreiks schnell für mich ein Auto mietet oder das Hotelzimmer verlängert. Jeder kann sich einen persönlichen Assistenten oder eine Assistentin leisten, ohne eine Riesenfirma führen zu müssen. Man muss keine Personalgespräche führen, Überstunden genehmigen und Urlaubsvertretung organisieren. Der digitale Assistent vergisst nichts. Und man kann Berufliches und Privates vermischen, ohne sich schlecht dabei zu fühlen. Man ist der Geschäftsführer seiner selbst mit einer Rundumassistenz. Wenn man will, kann man dies auch mit dem Gesundheitscoach verbinden, der dann auch noch sicherstellt, dass man zu Terminen läuft, damit man sein Laufpensum erfüllt. Wenn man im Stress ist, werden ein paar Yogaübungen empfohlen und ein Kaffeeverbot verhängt. Klingt alles klasse. Aber wer einen effizienten Assistenten hat, weiß auch, dass man viele Dinge nicht mehr selbst entscheidet. Auch wichtige.

Sind Maschinen die besseren Menschen? Was Datenverarbeitung und Rechenleistung angeht, d e f i n i t e l y.

Heißt das, dass wir uns selbst outsourcen? Trifft auf die Digitale Revolution zu, was auch auf die meisten analogen Revolutionen zutrifft, nämlich dass sie ihre Kinder frisst? Und sind die Kinder in diesem Fall nicht nur die verschiedensten Softwareentwickler und Internet-Gurus, sondern die Menschen selbst, die sich mit besser denkenden Maschinen die besseren Menschen schaffen werden?

Für Holger Steltzner, einen der Herausgeber der Frankfurter Allgemeinen Zeitung, sieht die Zukunft etwa so aus: »Es wird eine kleine Gruppe von Menschen geben, die Computern sagen, was sie tun sollen. Und eine viel größere Gruppe von Menschen, denen Computer sagen, was sie zu tun haben. Auf einen guten Lohn wird nur die erste Gruppe hoffen dürfen.«[9] Vermutlich sieht er sich in der ersten Gruppe, unabhängig davon, ob es die FAZ auch in Zukunft noch gibt. Vielleicht ist er aber auch zu optimistisch mit diesem Szenario, denn warum sollten Computer Befehle von Menschen entgegennehmen, die ihnen geistig unterlegen sind?

Wenn diese »besser funktionierenden Menschen« fast alles von uns übernehmen können, nicht nur mechanische, sondern auch intelligente, vielleicht sogar intellektuelle Aufgaben, können wir uns dann zurücklehnen, Tee trinken, gut essen, Fußball gucken und über Dialektik philosophieren?

Einer der wichtigsten Ökonomen der letzten 100 Jahre war John Maynard Keynes. Die Konjunkturtheorie, die ihn berühmt gemacht hat, besagt stark vereinfacht, dass der Staat in Krisenzeiten den Konsum stimulieren sollte, um Nachfrage zu generieren und dem durch die Krise hervorgerufenen Konjunktureinbruch entgegenzuwirken. Zur Not auch auf Pump.

Keynes war einer der klügsten Köpfe a r o u n d . Seine Ideen haben maßgeblich zum Wirtschaftswunder nach dem Zweiten Weltkrieg beigetragen. Dass die Finanzkrise 2008 nicht noch viel schlimmer abgelaufen ist, hat auch mit Keynes' Ideen zu tun.

Also dieser kluge Kopf sagte 1930 in seinem Essay »Economic Possibilities for our Grandchildren« (»Wirtschaftliche Möglichkeiten für unsere Enkelkinder«) voraus, dass aufgrund des technischen Fortschritts, der immer höheren Produktivität und des steigenden Vermögens »das wirtschaftliche Problem innerhalb von hundert Jahren gelöst sein dürfte«. Die Menschen werden im Jahr 2030 von den »drückenden wirtschaftlichen Sorgen erlöst sein«, ihr größtes Problem werde es vielmehr sein, »wie die Freizeit auszufüllen ist«. Denn »Drei-Stunden-Schichten oder eine Fünfzehn-Stunden-Woche« seien völlig ausreichend, um die Lebensbedürfnisse zu befriedigen.

Klingt toll, oder? Er hat sich hier wohl mächtig geirrt.

Zwar sind es noch ein paar Jahre bis 2030, aber 85 Jahre später arbeiten wir mindestens 40 Stunden in der Woche, das Rentenalter wurde auf 67 Jahre hochgesetzt. Bei Kopfarbeitern ist die Wochenarbeitszeit sogar eher gestiegen. Die Arbeitszeiten der sozialen Schichten haben sich vertauscht. Während Industriearbeiter meist eine tariflich geregelte 40-Stunden-Woche haben, kommen Geistesarbeiter schnell auf 60-Stunden-Wochen. Digital bringt nicht mehr Freizeit, sondern Zeitnot.

Anscheinend führt mehr Technik, höhere Produktivität und größeres Vermögen nicht zu weniger Arbeit, sondern zu mehr.

Warum?

Dass das Übermitteln von Nachrichten durch E-Mail und Social Media viel einfacher und schneller geworden ist, hat nicht dazu geführt, dass wir nun mehr Zeit für andere Dinge haben. Wir übermitteln einfach mehr Nachrichten, die es vorher gar nicht gab, und die es vorher scheinbar auch gar nicht brauchte.

Um mit der neuen Datenflut klarzukommen, erfinden wir Software- und Weiterbildungsprogramme, die uns helfen, möglichst wieder auf das Niveau zu kommen, bevor es E-Mail gab. Auch Psychologen haben mehr zu tun, weil mehr und mehr Menschen zu ihnen kommen, die mit der Nachrichtenflut nicht mehr zurechtkommen.

Als ich anfing, mich mit dem Problem des Klimawandels zu beschäftigen, entdeckte ich das Phänomen des schon erwähnten Rebound-Effektes. In den letzten 30 Jahren haben wir die Energieeffizienz unserer Produkte kontinuierlich und teilweise dramatisch gesteigert. Ein Fernseher von heute verbraucht nur einen Bruchteil der Energie eines vergleichbaren Vorgängermodels von vor 30 Jahren. Unser Energieverbrauch könnte also kontinuierlich zurückgehen, wir müssten immer weniger Energie aus fossilen Rohstoffen wie Kohle und Gas produzieren und könnten damit die CO_2-Werte in der Atmosphäre so senken, dass sich die Erde nicht mehr als $2°C$ erwärmt. Wir könnten den Klimawandel in den Griff bekommen.

In Wirklichkeit produzieren wir mehr Energie und auch mehr CO_2. Sogar das Klimamusterland Deutschland kann sich diesem Trend nur schwer entziehen. Warum? Weil die Energieeinsparungen sofort von neuen Bedürfnissen aufgefressen werden. Jeder Fernseher ist zwar jetzt viel effizienter, aber dafür leisten wir uns immer größere, viel mehr davon und ersetzen sie immer schneller. In der Summe verbrauchen wir meist mehr Energie als zuvor. Das ist der Rebound-Effekt. Damit kann man vielleicht auch erklären, warum viele digitale Erfindungen nicht zu einer Reduzierung von Arbeit, sondern zu einem Mehr an Arbeit geführt haben.

Bleiben wir beim Beispiel E-Mail. Statt Briefe einfach digital zu verschicken, hat die Erfindung von E-Mail dazu geführt, dass wir einfach viel mehr Post an viel mehr Leute produzieren und verschicken. Die Zeit, um eine Nachricht von A nach B zu bringen, ist um Tage geschrumpft, aber statt die Früchte dieser neuen Freiheit zu nutzen, produzieren wir jetzt so viel Post, dass wir darin versinken.

Maschinen übernehmen mehr und mehr Aufgaben von uns, mit der gewonnenen Zeit schaffen wir neue Dinge, die wir vorher nicht brauchten und danach schaffen wir Programme, die uns helfen sollen, den Zustand zu erreichen, bevor uns Maschinen die Arbeit abgenommen hatten.

Eine Antwort von Digital heißt L i f e H a c k i n g, also das Nutzen von digitalen Hilfen, mit denen man sein Leben effizient durchorganisieren kann. Durch L i f e H a c k i n g hat man dann mehr Zeit, um sich damit zu beschäftigen, wie man seine Zeit noch effizienter nutzen kann.

Wir werden effizienter, um noch effizienter werden zu können. Ist das der Sinn des digitalen Lebens?

Mir ist, d e f i n i t e l y, nicht bange, dass Maschinen keine Aufgaben mehr für Menschen übrig lassen. Arbeit ist ein Perpetuum mobile.

Aber wie viel der von uns heute erbrachten Arbeit ist sinnvoll? Was davon kann man als Arbeitsbeschaffungsmaßnahme bezeichnen? Ich schätze mal 70 Prozent. Ist das übertrieben?

Zurück zu Keynes. Die Wirtschaft braucht Konsum. Konsum hält die Wirtschaft am Laufen. Und Konsum braucht Menschen, bisher.

Auch wenn mehr und mehr Aufgaben von Maschinen übernommen werden, brauchen wir den Menschen als Konsumenten. Vielleicht wird die wirtschaftliche Hauptaufgabe des Menschen darin bestehen, ein Konsument zu sein.

Oder kann der Konsum auch von Maschinen übernommen werden? Bei Strom ist dies ja schon der Fall. Mehr und mehr Technik braucht mehr und mehr Strom. Aber ist es auch denkbar, dass intelligente Maschinen selber immer mehr Gadgets für sich selbst brauchen und damit selber zu Konsumenten werden? In dem Fall würde der Mensch auch seine wichtige Stellung als Konsument verlieren.

Daten sind das Schmiermittel der digitalen Welt. Daten müssen also kontinuierlich produziert werden. Neuigkeiten, Bilder, Celebrity Gossip, Sport, Gesundheit, Musik, Unterhaltung, Mode, all das produziert Daten. Menschen produzieren diese Daten, sind also ein essenzieller Wirtschaftsfaktor. Dadurch, dass wir leben, uns amüsieren, produzieren wir den Rohstoff, der unser Wirtschaftssystem am Laufen hält.

Keynes hatte also ganz dialektisch Recht und Unrecht. Wir werden weniger arbeiten. Das, was wir bisher als Arbeit bezeichnen, wird gegen Null gehen. Gleichzeitig wird die Arbeit der Zukunft uns zu fast 100 Prozent und rund um die Uhr beschäftigen.

Denn die Arbeit der Zukunft wird darin bestehen, zu leben, uns zu amüsieren, daraus Daten zu produzieren und zu konsumieren. Und das auf kontinuierlich hohem und wachsendem Niveau.

Der Mensch bleibt also wichtig. Als Produzent von Daten und als Konsument von Produkten. Klingt auf den ersten Blick ernüchternd, aber daraus kann man doch etwas machen. Der Mensch ist einfach durch sein Sein und seine immer weiter steigenden Bedürfnisse der Faktor, der unsere Wirtschaft am Laufen hält. Arbeit im herkömmlichen Sinne braucht es dafür nicht unbedingt. Je nachdem, wie man zur Arbeit als notwendiger Lebensaktivität steht, ist dies ein definitely maybe.

Erik Brynjolfsson vom MIT und auch Evgeny Morozov schlagen als Antwort auf die sich ändernde Rolle des Menschen im Arbeitsprozess ein Grundeinkommen für alle Bürger vor, das sie an den Produktionszuwächsen beteiligt. Je mehr Maschinen die Produktivität steigern, umso schneller wächst das Grundeinkommen für alle. Klingt wie digitaler Kommunismus.

Aber kann es das sein? Menschen werden nicht mehr gebraucht. Sie sind nur Accessoires. Man hält sie sich im Luxus-Zoo oder in Reservaten, wo sie miteinander spielen können, ohne das System zu schädigen, und dabei fleißig Daten produzieren. Ein so ähnliches Setting hat der Regisseur Andrew Stanton im Film »Wall-E« mit dem Raumschiff Axiom entworfen, das die Menschen vor der Erde bewahrt, die sie selbst vorher zerstört haben. Stanton hat übrigens 2009 für »Wall-E« einen Oscar für den besten Animationsfilm gewonnen.

Der Mensch wird gut leben können ohne zu arbeiten. Er wird die Ökonomie am Laufen halten, indem er sich amüsiert. D e f i n i t e l y keine schlechte Aussicht. Aber reicht uns das? M a y b e nicht.

Wenn alles andere von Maschinen gemacht wird, können wir uns auch ganz der Weltverbesserung zuwenden. Weltverbesserung ist eine zutiefst menschliche Aufgabe und Tätigkeit. Das ist, neben Sex und Rock 'n' Roll, mit das Beste am Leben. Wenigstens dies sollten wir nicht an Maschinen outsourcen. Es ist zu wichtig und schön, um es nicht selber zu machen.

Weniger Öffentlichkeit in einem größeren öffentlichen Raum Wenn man wie ich noch ein Leser von Tageszeitungen ist, fühlt man mehr oder weniger subtil die Angst aus den gedruckten Seiten auf-

Die Angst vor dem Aussterben.

steigen. .... Dabei geht es nicht um sibirische Tiger oder afrikanische Elefanten. In Essays, Konferenzen und Workshops wird mit großer Sorge darüber debattiert, wie unser guter alter Journalismus unter die Räder (oder die Algorithmen) der Digitalen Revolution gekommen ist. Bei manch einem Medienhaus hat sich diese Angst auch schon materialisiert, ich denke hier an die eigentlich sehr ordentliche Financial Times Deutschland, die 2012 ausgestorben ist. Andere Tageszeitungen verzeichnen seit Jahren rückläufige Leserzahlen. In 10 Jahren sind die Auflagen deutscher Tageszeitungen um mehr als 25 Prozent zurückgegangen. Bild hatte vor 15 Jahren noch eine Auflage von fast 5 Millionen, heute ist es ungefähr die Hälfte. Ein großer Teil der Leser ist dabei nur aus der alten Papierwelt in die digitale abgewandert. Aber eben nicht einfach von Bild zu bild.de. Es ist komplizierter.

Was ist das Problem? Das alte, stark werbefinanzierte Geschäftsmodell von Tageszeitungen funktioniert nicht mehr und ein neues hat sich noch nicht etabliert. Wir leben in der Zwischenphase.

Ein nicht funktionierendes Medienwesen kann ein Problem sein, wenn es um die Herstellung von Öffentlichkeit geht. Und Öffentlichkeit ist eine der Grundvoraussetzungen für funktionierende Demokratien.

Was ist Öffentlichkeit eigentlich? »Öffentlichkeit« ist einer jener revolutionären Begriffe des späten 18. und frühen 19. Jahrhunderts, der durch die Aufklärungsphilosophie zum Instrument der politischen Propaganda umgeschmiedet worden ist. Öffentlichkeit gilt als ein entscheidendes Kriterium zumindest der politischen Vernunft, wenn nicht der Vernunft überhaupt. Laut Öffentlichkeits-Guru Habermas lässt sich Öffentlichkeit am ehesten als ein Netzwerk für die Kommunikation von Inhalten und Stellungnahmen, also von Meinungen beschreiben; dabei werden die Kommunikationsflüsse so gefiltert und synthetisiert, dass sie sich zu themenspezifisch gebündelten öffentlichen Meinungen verdichten.

Haben wir ein Problem mit Öffentlichkeit? Nein und Ja.

Durch Digital ist es so einfach wie noch nie, Dinge zu untersuchen, zu erkunden, Informationen und Wissen abzurufen. Neben traditionellen Medien, Wissens- und Newsportalen gibt es Millionen von Bloggern und Twitteratis, die zu jedem denkbaren und undenkbaren Thema ihre Meinung publizieren. Es fehlt uns nicht an verfügbarem Wissen, Neuigkeiten und Meinungen. Wir haben genug davon, sogar mehr als genug.

Wir alle sind Teil der Öffentlichkeit, können mit den neuen digitalen Kommunikationsmitteln selbst zum Sender werden, können sofort kommentieren oder Diskussionen initiieren.

Die neue digitale Öffentlichkeit ist keine isolierte, elitäre oder hermetische Öffentlichkeit, sondern steht in einem vielfältigen Wechselverhältnis mit der durch traditionelle Medien hergestellten Öffentlichkeit. Es ist wie mit der Entdeckung Amerikas, die ja nicht dazu geführt hat, die alte Welt zu entvölkern, sondern aus dem Blickwinkel Europas betrachtet hat sie die Welt vergrößert.

Durch Digital können sich endlich auch wirklich transnationale Öffentlichkeiten herstellen. Erstens, weil es keine physischen Vertriebsschranken mehr gibt und zweitens, weil das Sprachproblem graduell durch Online-Übersetzung verschwinden wird.

Gerade für Europa ist dies eine große Chance. Denn ich bin überzeugt, dass wir ohne eine europäische Öffentlichkeit nicht mit dem Ausbau der Europäischen Union vorankommen werden und wahrscheinlich sogar zurückfallen in nationale Stereotypen. Aber wenn ich jetzt mit einem meiner Herzensthemen anfange, kann ich nicht aufhören. Also vertagen wir das Europathema auf ein anderes Mal.

Öffentlichkeit braucht Foren, in denen sich unterschiedliche Meinungen treffen und debattiert, Konflikte ausgetragen werden. Medien sind solche moderierten Foren. Sie sind darüber hinaus kuratierte Filter, die Menschen nutzen, um sich aus der Fülle an Wissen und Information so viel herauszunehmen wie sie verdauen können und wollen. Ohne Filter, Foren und Kuratoren haben wir nur einen riesigen, bunten öffentlichen Raum, der für den einzelnen schwer nutzbar ist.

Medien sind nicht die einzigen Filter. Freunde, Familie, Bekannte und Kollegen sind auch solche Filter. Die digitale Kommunikation fügt eine weitere Komponente hinzu.

Der personifizierte Newsfeed auf Facebook ist für mehr und mehr Menschen schon die zentrale Informationsquelle.

Auch ich nutze Facebook als Portal, das mir einen Mix aus Neuigkeiten, Meinungen, Referenzen meiner Facebook-Friends und Informationen ausgewählter Medienhäuser auf meinen Bildschirm bringt. Ich lese zum Beispiel Spiegel, Guardian und New York Times nicht regelmäßig, sondern nur die von meinen Freunden vorgeschlagenen Artikel. Das find ich gut und trage damit gleichzeitig dazu bei, dass sich das traditionelle Geschäftsmodell des Journalismus auflöst.

Ein auf Algorithmen basierendes Newsportal war übrigens auch die Idee, die ich im Jahr 2000 entwickelt hatte, und die dann der geplatzten New-Economy-Blase zum Opfer fiel. Wäre die Internetblase nicht oder etwas später geplatzt, wäre ich jetzt vielleicht mit Pages, Bezos und Zuckerbergs unter den Barrikadenkämpfern der Digitalen Revolution und würde die Risiken und Nebenwirkungen der Digitalisierung als vernachlässigbar abtun. Definitely maybe.

Vielleicht aber auch nicht. Denn schon damals hegte ich den Zweifel, ob diese Idee nicht dazu führen würde, dass mein Lesespektrum immer enger wird, weil der Algorithmus mir ja immer mehr von dem gibt, was ich will und was meiner Haltung entspricht. Als Linksliberaler würde ich nur diese Meinungen bekommen, als Rechtskonservativer nur jene. Wie in der Schule und in der Kneipe gruppieren sich die Menschen um ihresgleichen. In der Kommunikationswissenschaft nennt man dieses Konzept selektive Wahrnehmung. »Filterblase« hat Eli Pariser den Effekt genannt, den der individuelle Inhaltsmix bei Google, Facebook und Co. mit sich bringt. Allerdings ist die Filterblase in der Kneipe um ein Vielfaches durchlässiger, denn da triffst du ja auch Leute und Meinungen, die du nicht gut findest. Und wenn dir das nicht passt, kannst du die Kneipe wechseln. Versuche aber mal aus deiner Filterblase bei Facebook oder Amazon rauszukommen… ist nicht so einfach.

Es ist nicht die Krise der Medien, die mich beunruhigt, sondern dass die Krise sich so auflösen könnte, dass die filternde und kuratierende Funktion von Medien verloren geht und ersetzt wird durch ein System, das nur den Rohstoff für individuelle Filterblasen liefert. Und das könnte schon zu einer Krise der pluralistischen Öffentlichkeit führen. Obwohl, oder gerade weil wir einen so unfassbar viel größeren öffentlichen Raum haben als jemals zuvor.

Aber es gibt sie ja noch, die funktionierenden kuratierten Medien, und meist stehen auch am Ende eines kuratierenden Medienalgorithmus klassische Medien. Die Wochenzeitung Die Zeit, der New Yorker, die Berliner TAZ, aber auch eine Vielzahl von Magazinen zu Mode, Architektur, Gesundheit, Fußball und… Zeitungen haben weiterhin Erfolg, basierend auf starken

Marken, die dezidiert meinungsbildend sein wollen. Und interessanterweise sind es digitale Milliardäre, die in menschlich kuratierte Medien investieren, wie Amazon-Gründer Jeff Bezos, der bei der altehrwürdigen Washington Post einstieg, Facebook-Mitgründer Chris Hughes investierte bei der Medieninstitution The New Republic und Pierre Omidyar, Mitbegründer von Ebay, in die Neugründung von The Intercept, eine Enthüllungsplattform, die von den Journalisten, denen Snowden seine NSA-Unterlagen übergeben hat, initiiert wird, um auch zukünftig investigativen Journalismus zu ermöglichen. Zumindest bei Bezos handelt es sich hierbei durchaus nicht um ein Spielzeug für Internet-Milliardäre, sondern um eine langfristige Verbindung von wertvollen, von Menschen recherchierten Inhalten und neuen innovativen Vertriebswegen, deshalb gehört die Washington Post auch nicht ganz überraschend zu den Standardeinstellungen auf jedem Kindle.

Dialektik hin oder her, ich bin zumindest im Medienbereich optimistisch, dass die derzeitige Krise der Medien eine Strukturkrise ist, aus der neue und alte Medien hervorgehen werden, die weiter Informationen für Menschen filtern, ordnen und moderieren werden. Und dadurch weiter Öffentlichkeit herstellen. Wer es sich leisten kann, wird menschlich kuratierte Medien kaufen, wer nicht, wird immerhin noch algorithmisch erzeugte Medien konsumieren können.

Wie viel Digital braucht Mensch zum Glück Facebook hat neulich ein Experiment[10] mit uns gemacht. Sie wollten herausfinden, ob uns Facebook-Nachrichten von unseren Freunden beeinflussen. Machen uns positive Updates glücklicher und negative unglücklicher? Die Antwort war ja, positive Nachrichten von Freunden machen uns glücklicher. Welche Konsequenz wird Facebook daraus ziehen? Dass wir negative Updates unterdrücken sollten,

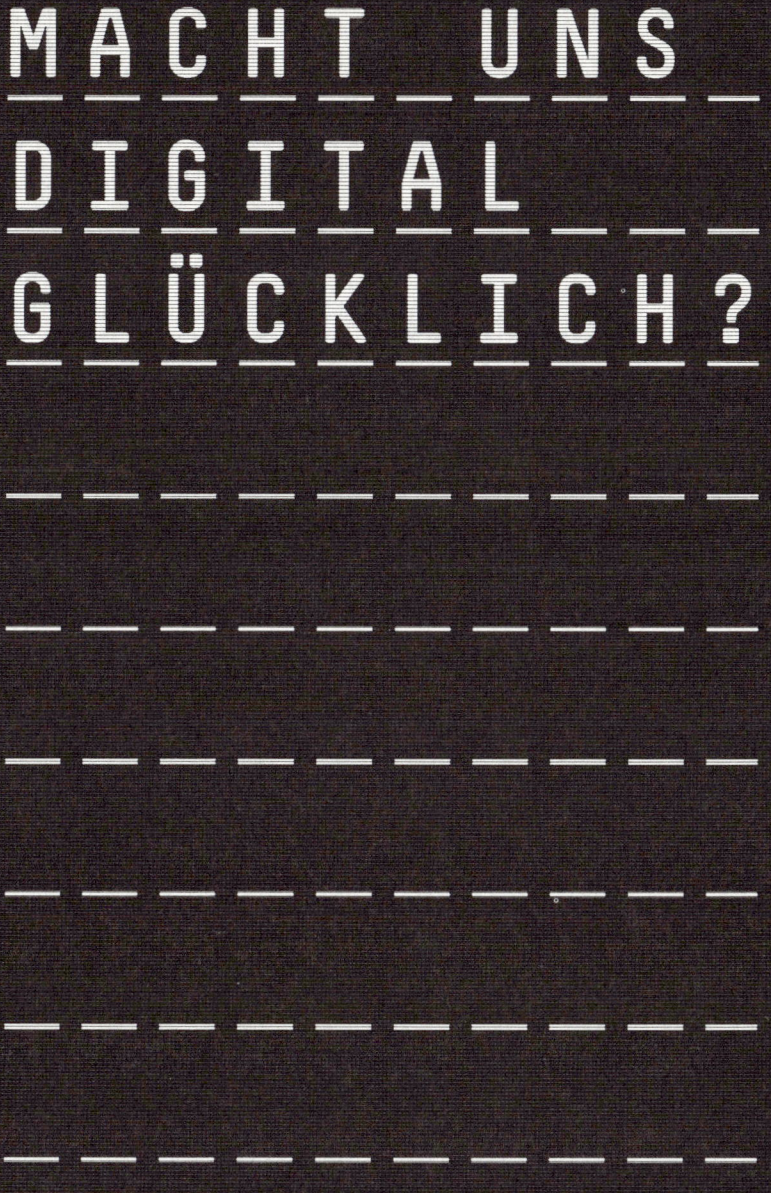

dass Facebook negative Updates unterdrücken kann, oder dass man die positiven und negativen Nachrichten so kuratiert, dass sie zu Lebens- und Konsumentscheidungen passen? ....

Also positive Facebook-Nachrichten passen zu Angeboten für Ferienreisen, neue Outfits und Sonnencreme. Negative Updates passen zu Versicherungen jeglicher Art, Whisky, legalen und illegalen Schmerzmitteln.

Facebook kann mitentscheiden, ob wir glücklich oder unglücklich sind und sein sollen, je nachdem wie es passt. Und nicht Menschen, sondern Facebook-Algorithmen werden das entscheiden.

Macht uns Digital glücklich?

Gefühlt erst mal schon. Ich fühl mich glücklich mit meinem iPad, fühl mich glücklich, mit Freunden in der ganzen Welt über Facebook und Skype in Kontakt zu sein, fühl mich glücklich, nach ein paar Minuten zu allem eine Meinung haben zu können, dank Wikipedia. Und vieles mehr.

Neulich sagte ein Google-Vertreter bei einer Konferenz, dass es ihn happy mache, dass wir heute innerhalb weniger Stunden so viele Daten produzieren wie die ganze Menschheit vorher in Jahrhunderten. Aber wozu brauchen wir diese Datenlawinen? Machen sie uns glücklicher oder erdrücken sie uns?

Sehen wir uns die Entwicklung traditioneller Glücksfaktoren wie Familie und Freunde, Arbeit, Einkommen, Sinn etc. an. In den letzten 30 Jahren sind diese traditionellen Glückswerte in den am meisten digitalisierten Ländern kaum gestiegen, gleich geblieben oder sogar gesunken.

Da gibt es vielleicht eine Parallele zum Verhältnis von Wohlstand und Glück. Ab dem Erreichen eines gewissen materiellen Wohlstands, der in den westlichen Staaten bei einem Jahreseinkommen von 50.000 bis 60.000 Euro liegt, macht uns mehr Wohlstand nicht glücklicher. Scheinbar ein Widerspruch, für den es einen Namen gibt. Das Easterlin-Paradox[11] ist nach dem amerikanischen Ökonomen Richard Easterlin benannt, der durch seine Studien nachwies, dass mehr Geld nur kurzfristig die Stimmung hebt, vorausgesetzt, die Grundbedürfnisse nach Unterkunft, Nahrung und Arbeit sind befriedigt. Das Glück der Menschen sei zwar tendenziell umso größer, je mehr Einkommen sie haben, ihre durchschnittliche Zufriedenheit nehme aber längerfristig mit dem Wirtschaftswachstum nicht zu. Mit anderen Worten: Die Reichen sind zwar zufriedener als die Armen, aber insgesamt tritt die Gesellschaft trotz Wachstums glücksmäßig auf der Stelle. Seitdem wurde diese These in den USA, anderen entwickelten Ländern und in Schwellenländern bewiesen, aber auch angegriffen.

Anschaulich beschrieben hat dieses Paradox auch der Schweizer Ökonom Mathias Binswanger in seinen Büchern »Die Tretmühlen des Glücks«[12] und »Sinnlose Wettbewerbe«. Das permanente Streben nach mehr Wohlstand, verknüpft mit der Einführung von Effizienzdenken in fast allen Lebensbereichen, entfremdet uns von unseren ursprünglichen Zielen, nämlich glücklich zu leben, mehr Zeit für Menschen und Tätigkeiten zu haben, die wir lieben.

Ist es mit Digital ähnlich? Gibt es einen bestimmten Punkt, bis zu dem uns mehr Digital glücklicher macht, und bei dessen Überschreitung kein zusätzlicher Glückseffekt auftritt? Wenn ja, wo liegt dieser Punkt? Haben wir ihn in der nördlichen Hemisphäre schon überschritten?

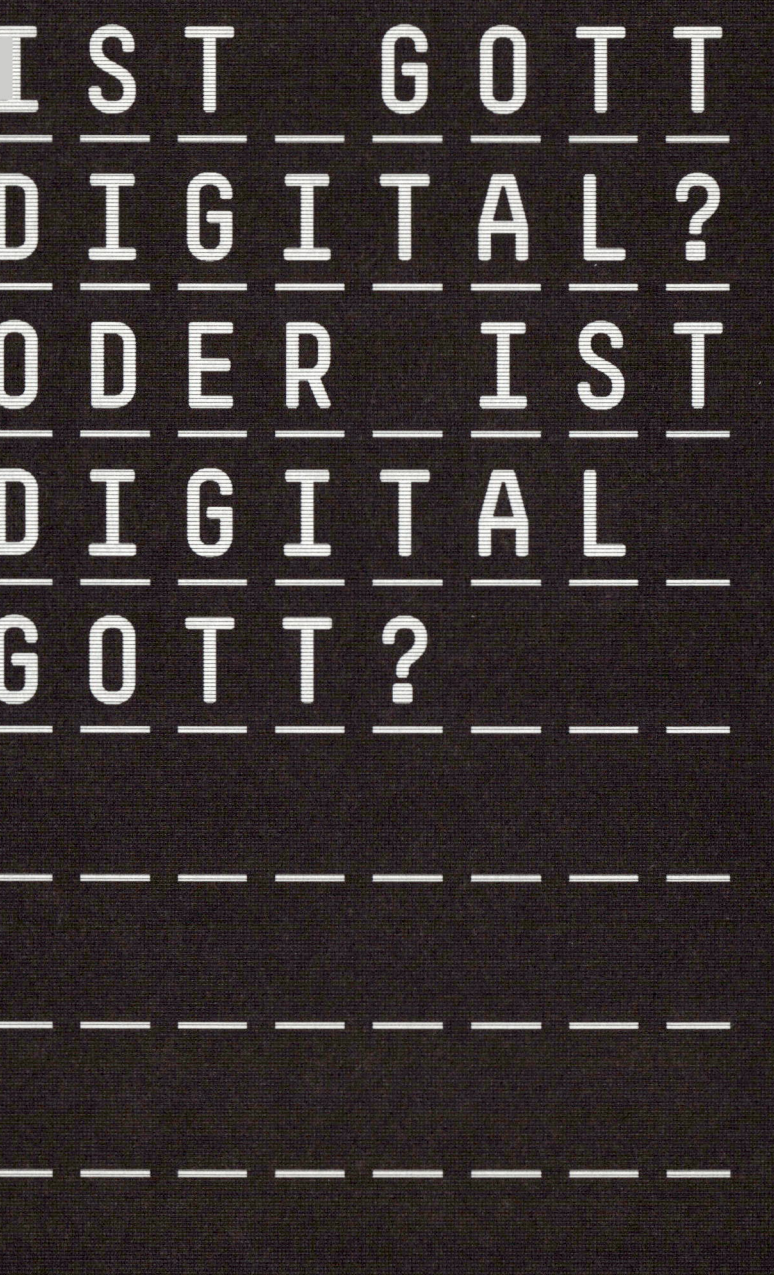

IST GOTT
DIGITAL?
ODER IST
DIGITAL
GOTT?

Oder ist es sogar so, dass Digital uns unglücklicher macht? Weil wir vor lauter d a t a c l o u d s die Sonne nicht mehr sehen können? Weil wir so Daten-dick geworden sind, dass wir uns nicht mehr bewegen können? Weil uns von Algorithmen auch die Tätigkeiten abgenommen werden, die wir ja gerne gemacht haben und die uns glücklicher machen? Denken zum Beispiel. Oder sich in Bücherläden verlieren. Oder echte Freunde treffen. Oder mit Kindern und Enkelkindern spielen. Rufen die digitalen Versionen ähnliche Glücksgefühle hervor wie die Originale? Oder sind sie nur wie Ersatzkaffee?

Zurück zum Easterlin-Paradox. Machen wir ein einfaches Experiment und ersetzen darin das Wort Wohlstand durch das Wort Digital. Dann würde sich das ungefähr so lesen: Ab dem Erreichen einer gewissen Digitalisierung macht uns mehr Digital nicht glücklicher. Das Glück der Menschen ist zwar tendenziell umso größer, je digitaler sie sind, ihre durchschnittliche Zufriedenheit nimmt aber längerfristig mit zunehmender Digitalisierung nicht zu. Mit anderen Worten: Die Digitalen sind zwar zufriedener als die Nicht-Digitalen, aber insgesamt tritt die Gesellschaft trotz Digital glücksmäßig auf der Stelle.

Das ist eine Wortspielerei, eine Skizze, eine Hypothese, die wissenschaftlich untersucht und untermauert werden müsste. Aber vielleicht ist etwas dran an dieser Hypothese, dass uns Digital nur bis zu einem gewissen Punkt glücklicher macht und dass sich der Effekt danach verflüchtigt oder sogar ins Negative verkehrt. Vielleicht wird man dies in Zukunft das Wilkens-Paradox nennen.

Sind Menschen fit für die digitale Gesellschaft? Und können darin glücklich sein? Das ist eine über-dialektische Fragestellung.

Sind wir Gott? Neben der materiellen Welt gibt es eine andere Welt, die unvorstellbar, unfassbar und unendlich ist. Man kann sie nicht sehen, nicht anfassen, sie ist allmächtig. Sie weiß alles, kennt uns besser als wir uns selbst und weiß scheinbar auch, was wir als nächstes tun werden. Gott? Nein, das war eine Beschreibung der digitalen Welt. Aber sie passt auch auf Gott. Und so glaubte auch der schon erwähnte Digitalpionier Leibniz, dass Gott digital arbeiten müsse.

Ist Gott digital? Oder ist Digital Gott?

Hier begebe ich mich auf dünnes Eis. Ich bin Atheist. Kein orthodoxer Atheist, eher ein liberaler Atheist. Wenn es so etwas gibt.

Aber wenn ich als Atheist zwischen Algorithmen und Gott wählen müsste, würde ich Gott wählen. Gott hat die bessere Story.

Gott ist mehr als digital, irgendwie aber auch analog, aber dann über-analog.

Mit Digital und insbesondere dem High-End von Digital, künstlicher Intelligenz, begeben wir uns auf göttliches Territorium. Wir schaffen Kreaturen, die intelligenter sind als Menschen, so intelligent, dass wir ihnen nicht mehr folgen können. Die selber denken können und die ihren eigenen Weg gehen können. Wir sind dann göttliche Kreatoren, können aber die Welt unserer Kreaturen nicht unbedingt kontrollieren.

Das hört sich jetzt alles esoterisch an, wird aber in Berkeley, Oxford und San Francisco schon vorsichtshalber durchgespielt. Denn wie Luke Muehlhauser, der Direktor des Machine Intelligence Research Institute (Miri) in Berkeley sagt: »Wir spielen mit der Intelligenz der Götter. Und es gibt keinen Ausschalter.«[13] Je mehr ich über Digital weiß und nachdenke, umso unsicherer werde ich. Da hilft auch keine Dialektik. Die Digitale macht mich ganz wirr. Und ich glaub, ich bin nicht allein.

Wir wollen Unsterblichkeit und sind bereit, dafür fast alles zu geben. Wir haben unsere Seele verkauft. Aber wofür? Unsterblichkeit? Wir machen uns zu Sklaven unserer selbst. In unserem Drang nach Selbstverwirklichung unterwerfen wir uns mit strahlendem Blick der digitalen Logik von Entmündigung.

Der Faust in uns. Wir schaffen mit der Datengesellschaft den Geist, der alles zusammenhält und verkaufen diesem für ein bisschen Bling unsere Seele.

Was hat's gebracht? Automation, Unselbstständigkeit, nicht mehr Glück, übermächtigen Staat, übermächtige Wirtschaft? Wo bleiben wir zum Schluss? Und gibt es noch einen Platz für Gott?

Oder vielleicht reagiere ich über und es pendelt sich alles ein wie damals bei der Industriellen Revolution.

Fortschrittspessimisten gab es auch damals und Maschinenstürmer davor. Alle neuen Technologien haben eine helle und eine dunkle Seite. Die Menschen lernen mit der Droge Digital zu leben, wir lernen dazu, werden neue Regeln erstellen und behandeln die Nebenwirkungen. Daten sind eben doch nur Daten und man braucht dazu noch die anfängliche Aktivität, die Daten erst erschafft. Und ein Plätzchen für Gott wird sich auch noch finden. Das ist der optimistische Ausblick.

Maybe.

Analog –
Die Freiheit, die aus der Nische kommt

zwei

»Am liebsten würde ich
Museumsdirektor werden«
SILVIO NEUBAUER, FILMGALERIE 451

Silvio Neubauer, den Galeristen der Filmgalerie 451, die es seit 2001 in Berlin gibt, habe ich schon vorgestellt. Aber es ist lohnend, sich intensiver mit seiner Galerie, manche Leute würden einfach Videothek dazu sagen, zu beschäftigen, denn der Ort, den er hier geschaffen hat, ist außergewöhnlich. Er ist ein Beispiel dafür, wie sich aus der Nische ein Geschäftsmodell entwickeln lässt, das nicht nur dem Mainstream Paroli bietet, sondern darüber hinaus Aufgaben erfüllt, die wir gewöhnlich mit einem Museum oder einer Bibliothek assoziieren. Silvio Neubauer besitzt 23.000 Filme und damit betreibt er eine der größten privaten Filmsammlungen Berlins. Er ist ein Sammler, der seine Sammlung öffentlich zugänglich macht und Exponate gegen Gebühr ausleiht.

Neubauer sammelt seine Kunstwerke auf VHS-Kassetten und DVD-Scheiben und stellt diese in seiner Galerie 451 aus. Man kann durch die Galerie schlendern, Exponate ansehen und anfassen. Nicht alle Exponate finden Platz in der Galerie. Sucht man einen Film aus der Sammlung, der gerade nicht in der Galerie ausgestellt ist, holt Galerist Neubauer ihn schnell aus dem Archiv.

So beschrieben, passt die Filmgalerie 451 sehr gut ins Szeneviertel Mitte mit seinen vielen Galerien, Kunstsammlungen und Ausstellungen. Und sicher ist Neubauers Galerie eine der meistbesuchten Galerien Berlins. Es sind immer Besucher in der Galerie, manche schlendern, andere sind nur kurz da, abends ist es richtig voll. Täglich gibt es Hunderte Transaktionen zwischen Filmliebhabern. Und Besucher kommen regelmäßig wieder, manche täglich. Welche Galerie kann das schon von sich sagen?

Der Name der Galerie spielt auf den Film »Fahrenheit 451« von François Truffaut an. Der Film spielt in einem totalitären Staat, in dem Bücher verboten und verbrannt werden, weil sie das einizige Medium sind, das der Staat nicht kontrollieren kann, weil es zum selbstständigen Denken und Handeln führen kann.

Ich will nicht unterschlagen, dass die Galerie schon bessere Zeiten gesehen hat. 12 Jahre lang residierte sie auf 180 Quadratmetern in einer historischen Immobilie in zentralster Lage, mit riesig hohen Decken und aufwendigem Stuck.

Aber auch Filmliebhaber stehen immer mehr auf Digital. Es gibt fast alle Objekte auch im Netz, man kann sie kaufen, ausleihen und runterladen, ohne sich von zu Hause fortzubewegen. Wurden vor Jahren noch 500 Filme an einem Samstagabend in der Galerie ausgeliehen, sind es heute oft weniger als die Hälfte.

So musste Galerist Neubauer seine schönen, großen Säle aufgeben und seine Galerie in moderateren Räumen unterbringen, eben bei mir um die Ecke. Die Decken sind jetzt weniger hoch, es gibt keinen Stuck mehr, es ist etwas enger. Aber der Geist der Galerie ist lebendig und die treuen Besucher kommen weiter, schlendern, schauen und leihen. Trotz YouTube, Netflix, Vimeo etc. Und so voll wie es immer ist, muss er wohl bald wieder in größere Räumlichkeiten umziehen, auf jeden Fall aber hier in der Gegend.

Warum?, hab ich Silvio Neubauer gefragt. Er macht es am Ort und dem Wunsch nach menschlicher Interaktion fest.

Wenn fast alles in die virtuelle Welt abgewandert ist und Digital der neue Standard ist, werden physische Orte besonders. Ein physischer Ort mit Dingen, die man anfassen kann und an dem man anderen Menschen physisch begegnet und mit ihnen ins Gespräch kommt, ist eben anders als ein virtueller, wenn auch unendlich großer Ort, an dem man allein ist.

Und nicht nur Sex braucht physische Interaktion, man muss sich erst mal treffen. Menschen sind Herdentiere, sie wollen zusammen sein, sich unterhalten, einander kennenlernen, beraten werden, Freunde werden, vielleicht Liebhaber, heiraten, Kinder kriegen etc., oder auch nur Freunde und Bekannte bleiben, oder auch wieder auseinandergehen. Genau das bietet die Filmgalerie als Nebenprodukt. Für manche ist die menschliche Interaktion ebenso wichtig wie das Ausleihen von Filmen, für andere ist sie auch der Hauptgrund, in die Galerie zu kommen, und der geliehene Film nur ein Bonus. Wie auch immer, die Filmgalerie ist ein Ort, in dem Menschen sich treffen, und dies scheint in einer zunehmend immateriellen Welt wieder wichtiger zu werden.

Nach einem unserer Gespräche fragt mich Neubauer, als ich schon in der Tür stehe, um zu gehen, was ich von diesen ganzen digitalen Bewertungstabellen wie Rotten Tomatoes halte? Er traut ihnen nämlich nicht. Und das nicht nur wegen der NSA und Google. Seine Sammlung jedenfalls hat er auf der Grundlage eigener Kriterien aufgebaut, Leidenschaft spielt da mit rein, sein immenses Fachwissen, die Interaktion mit anderen Cineasten. Er ist ein Kurator, der auswählt, zusammenstellt und damit etwas Eigenes schafft. Die automatisch aktualisierten Listen der am meisten gesehenen Filme der Welt, Deutschlands oder die über die Vorlieben der unter 25-Jährigen etc. bieten im Gegensatz dazu nur ein maues Portfolio: Frei nach dem Motto »Ich sehe das, was alle

Aber wer will immer nur Mittelmaß?

sehen«. ....

Und auch deshalb hat die Filmgalerie eine Zukunft. Weil ein Mensch etwas mit Gefühl zusammenstellt, was ein Algorithmus nicht kann. Damit ist es individuell, einzigartig und der Besucher bekommt etwas, was er woanders so nicht bekommt.

Die Grenzen von Digital 5

Zwischen Ende der 1940er- bis Anfang der 1970er-Jahre erlebte die westliche Welt einen einzigartigen Wachstumsschub von durchschnittlichen 4,5 Prozent pro Jahr. In Deutschland (West) wuchs die Wirtschaft in dieser Zeit um jährlich 5 Prozent, in Griechenland gar um durchschnittlich 6,2 Prozent. Es war die Zeit des Wirtschaftswunders. Man ging davon aus, dass es immer so weitergehen würde, warum auch nicht?

> »Jeder Tag weiter bestehenden exponentiellen Wachstums treibt das Weltsystem näher an die Grenzen des Wachstums. Wenn man sich entscheidet, nichts zu tun, entscheidet man sich in Wirklichkeit, die Gefahren des Zusammenbruchs zu vergrößern.«
> DENNIS L. MEADOWS,
> »DIE GRENZEN DES WACHSTUMS«, 1972

1972 stellte der Club of Rome unter Leitung von Dennis Meadow seine Studie »Die Grenzen des Wachstums« vor, von der bis heute 30 Millionen Exemplare verkauft wurden. Die Studie hat eine Debatte angestoßen, die immer noch währt und gerade in den letzten Jahren wieder stärker geführt wird.

Es gibt unterschiedliche Auffassungen darüber, ob der Mensch ständiges Wachstum braucht, aber klar scheint mir, dass es immerwährendes Wachstum nicht gibt. Daran hat uns spätestens die große Finanzkrise seit 2008 erinnert. In Deutschland brach das Bruttoinlandsprodukt um 5 Prozent ein und hat sich davon erst vor kurzem erholt. Damit steht Deutschland in Europa noch sehr gut da, aber die USA und vor allem viele Schwellenländer haben die Finanzkrise viel schneller überwunden. 2014 hatte die

Eurozone die Wirtschaftsleistung von vor der Krise immer noch nicht erreicht.

Ähnlich wie Wissenschaftler 1972 auf einem Höhepunkt des wirtschaftlichen Wachstums fragten, ob es Wachstumsgrenzen gibt, stelle ich mir die Frage, ob es Grenzen von Digital gibt. Oder kann es gar sein, dass wir mit Digital diese ganze Wachstumsdebatte überwunden haben, dass wir sozusagen das Ende der Geschichte erreicht haben?

Nach 1989 haben wir ungefähr 12 Jahre lang gedacht, wir hätten das Ende der Geschichte erreicht. Die parlamentarische Demokratie und die Marktwirtschaft hatten den Systemwettstreit gewonnen und wir dachten, alle Regime werden sich diesem System in kurzer Zeit unterordnen. Die Balkankriege waren ein Anzeichen, dass das Ende doch noch nicht ganz erreicht war, aber spätestens mit 9-11-2001, den Anschlägen auf das World Trade Center, war klar, dass noch eine Menge Geschichte übrig ist. Denn Gemeinsamkeiten und Gegensätze lassen sich nicht nur an wirtschaftlichen Indikatoren festmachen, da spielt so unendlich viel mehr rein und eigentlich wissen wir das, denn Geschichte verläuft nie linear und ist nicht automatisch auf Fortschritt programmiert. Krieg und Frieden, Vernunft und Unvernunft, Reichtum und Armut, das eine bedingt das andere, und deshalb stellen sich die dringendsten Menschheitsfragen immer wieder aufs Neue und doch immer anders. Jede Generation steht vor scheinbar unlösbaren Aufgaben. Darin besteht die Herausforderung. Aber jetzt hört es sich manchmal wieder so an, als wenn die Googles der Welt das Ende der Geschichte kennen. Sind das Allmachtsfantasien, weil Firmen wie Google vor Kraft kaum gehen können, oder sind sie aufgrund ihrer weltumspannenden Aktivitäten tatsächlich so mächtig, dass sie eine Zeitenwende eingeläutet haben, in der andere Regeln gelten, in der außer Kraft gesetzt wird, was bis jetzt als Gewissheit galt. Vielleicht dauert es auch nur

10 Jahre, bis wir wieder wissen, dass dies eine Illusion war. Oder kürzer, wenn man die Halbwertzeit von Digital in Betracht zieht.

Auf den ersten Blick sieht es jedenfalls so aus, als ob sich Digital den konventionellen Grenzen von Wachstum entzieht.

Wenn man Digital rein quantitativ betrachtet, als Sammlung und Verarbeitung von Daten, scheint es keine Wachstumsgrenzen zu geben. Daten können schier unendlich produziert werden und aus ihnen wiederum Produkte, die Menschen nutzen. Es gibt zunehmend digitale Produkte, die fast völlig immateriell sind und die damit auch die Frage nach dem Verbrauch begrenzter Ressourcen relativieren.

Digitale Produkte kommen aus der Wolke.

Ein paralleler Trend ist die schon erwähnte und wachsende Ökonomie des Teilens. Wir müssen Dinge nicht selbst besitzen, um sie zu nutzen. Es ist wie Schichtbetrieb beim Konsumieren, nichts steht mehr ungenutzt rum. Dadurch können wir mehr davon konsumieren und gleichzeitig weniger Ressourcen verbrauchen. Durch Carsharing und smarten Verkehr zum Beispiel könnten wir dieselbe oder mehr Mobilität durch immer weniger Autos hinkriegen.

Also Wachstum ohne mehr Produktion. Mehr durch Weniger. Bedeutet das die Aufhebung der herkömmlichen Wachstumsdynamik, mit ungeahnten Möglichkeiten, auch was Fragen wie Ressourcenverbrauch und Klimaschutz betrifft? Das meint jedenfalls der Ökonom Jeremy Rifkin, der sogar voraussagt, dass die Sharing Economy bis 2050 den Marktkapitalismus als vorherrschendes Wirtschaftssystem ablösen wird und dass wir dabei durch das smarte Teilen von Energie auch noch den Klimawandel verhindern werden.[14]

Aber kann das wirklich sein? Oder gibt uns die Teilzeitökonomie nur jeweils einmalige Einsparungseffekte, die sich schnell verbrauchen, weil das Rennen auf neuem Niveau und mit höherer Geschwindigkeit weitergeht? Das ist der Stoff für zukünftige Wirtschaftsnobelpreise.

Meine These lautet: Trotz der Unendlichkeit von Daten und dem neuen Teilen, es gibt Grenzen von Digital.

Die Filmgalerie ist ein Beispiel dafür, dass es Dinge gibt, die Digital nicht kann. Und die genau darum attraktiv sind.

Digital ist ein Raum, ein unvorstellbar riesiger Raum, in dem fast alles möglich ist, ein virtueller Raum. Aber das Leben ist nicht nur Mathematik, auch wenn manch ein Nerd uns das jetzt erzählen will. So wie das Leben vor ein paar Jahren sich auch nicht nur um Banken drehte, auch wenn Banker uns das damals weisgemacht haben. Und der Mensch wird sich der digitalen Logik entziehen, wenn seine eigentlichen Bedürfnisse dabei auf der Strecke bleiben. An diesem Punkt angekommen, wird er sein Verhalten ändern und die Macht des Konsumenten wird vielleicht zur Ohnmacht der Konzerne, die mit ihrer Monopolmacht aus Eigeninteresse Standards durchsetzen wollen, die den Gefühlen, Wünschen und Bedürfnissen vieler Menschen zuwiderlaufen. Apple hat das nicht erst heute verstanden. Der Erfolg ihrer Produkte beruht darauf, das Sinnliche mit dem Sinnvollen zu verknüpfen. Ihr Problem ist, sie sind zu mächtig geworden. Aus smart wird bedrohlich. Und so bemühen sie sich mehr denn je um Verführung.

In einer Zeit, wo Warenhäuser verzweifelt online gingen, hat Apple den Wert realer Orte wiedererkannt und Apple-Stores als analoge Erlebniswelten geschaffen, obwohl man Apple-Produkte ja auch ganz einfach online ansehen und kaufen kann. In Apple-Stores kann man sehen, anfassen, mit hilfreichen Menschen sprechen, Dinge kaufen und gleich mitnehmen. Wenn die meisten anderen Verkäufer die Zukunft in Online sehen, ist Apple schon wieder zwei Schritte weiter, hat analoge Apple-Tempel geschaffen, zu denen Menschen hinpilgern, die Stadtzentren bereichern und die wirtschaftlich sehr erfolgreich sind.

Apple-Stores sind auch ein Beispiel dafür, dass wir Dinge anfassen wollen, dass es eine Verbindung von Hirn und Hand gibt, die über die Bedienung von Keyboards und Touchscreen hinausgeht und die für unsere Entscheidungen wichtig sind.

Der einflussreiche Soziologe Richard Sennett, ein Schüler von Hannah Arendt, hat diese Beziehung in seinem für mich überraschenden Buch »Handwerk«[15] neu erforscht. Er erinnert daran, dass die Entwicklung von Hirn und Hand eine untrennbare Einheit bilden; dass kausales Denken im Umgang aller fünf Sinne mit den Materialien der Welt entsteht und handwerkliche Intelligenz, wie Aufmerksamkeit, Fantasie, Improvisations- und Kombinationsgabe, in jedem Menschen geboren wird.

Uns Menschen macht das komplexe Zusammenspiel von Wahrnehmung, Materialgefühl, Haptik, Handfertigkeit, Ausprobieren, Verfehlen und Heureka aus, dem wir historische Erfindungen wie die drehbare Töpferscheibe und die Glühbirne verdanken. Ein Schlüsselbegriff Sennetts ist Materialbewusstsein, die Neugier des Handwerkers auf das Material.

Und für Sennett ist auch die Werkstatt

wichtig, als Ort, an dem Handfertigkeiten und soziale Tugenden gelernt werden – im nachvollziehenden Begreifen, im tausendfachen Wiederholen einer Tätigkeit oder einer Haltung, in mühsamen Jahren der Perfektionierung.

Sennett geht so weit zu behaupten, dass in dem Moment, wo die Verbindung von Hirn und Hand nicht mehr funktioniert, das Hirn verlieren wird. Ohne Materialbewusstsein und ohne Kenntnis vom Machen der Dinge seien Menschen als Bürger und Konsumenten nicht urteilsfähig. Das Brachliegen ihrer produktiven Potenzen beschädige Charaktereigenschaften wie Stolz, Bindungsfähigkeit, Engagement und Loyalität. Sennett sieht eine Welt voraus, in der die übergroße Mehrzahl der Menschen zu bloßen Anhängseln eines kapitalgetriebenen technologischen Prozesses wird. Wenn das stimmt, und gefühlt macht es Sinn, sollten wir sehr vorsichtig mit digitalen Geräten sein, bei deren Nutzung wir nur noch die Augen bewegen oder irgendwo hineinsprechen müssen.

Diesen Zusammenhang hat auch schon der Industriedesigner Otl Aicher in seinem vorausdenkenden Buch »Analog und Digital«[16] beleuchtet. Für ihn ist die Hand das wichtigste Wahrnehmungsorgan. Sie leistet mehr als das reine Ertasten und Begreifen von Gegenständen und Körpern. Die Wahrnehmung durch die Hand ist die Voraussetzung für einen sich frei entfaltenden Geist. Und schon 1991 sagte er voraus, dass diese Auffassung im Widerspruch zur heutigen Kultur der Intellektualisierung aller Lebensbereiche steht, die wiederum zu einer völligen Vergeistigung der Menschen führt. Eine Konsequenz der Digitalisierung ist die Verdrängung von Erfahrung zugunsten von messbaren Werten und rationalen Mustern.

Ein interessanter Gegentrend ist die Makers-Bewegung, die Digital und Handwerk zu verbinden versucht. Makers sind eine Mischung aus Bastlern, Programmierern, Gesellschaftskritikern

Digital-Bastler.

und Künstlern. .... Statt an der Werkbank, stehen sie in sogenannten FabLabs am 3D-Drucker. Aus Software wird so Hardware. Digitale Baupläne und Bastelanleitungen werden ins Netz gestellt und Open-Source von der Makers-Gemeinde verbessert und perfektioniert. Geht etwas kaputt, kann man schnell Ersatzteile nachdrucken. Linux zum Ausdrucken. Das hat wirklich Potenzial. Aber ob es das Hantieren mit Holz, Schrauben und Leim ersetzen kann? Ich weiß nicht. M a y b e .

Und noch etwas.

Wenn wir über manuelle aber auch geistige Aktivität sprechen, sollten wir auch nicht vergessen, dass Daten immer noch das Produkt von Aktivitäten sind, aber nicht Aktivität selbst. Daten brauchen eine anfängliche Aktivität, die Daten erst erschafft. Wenn wir nicht liefern, funktioniert die digitale Überwelt nicht. Daten sind kein Perpetuum mobile. Wir Menschen haben neben der Macht des Konsumenten auch die Macht des Datenproduzenten. Das sollte man nicht unterschätzen.

Apple macht schöne digitale Produkte, in einer scheinbar immer minimalistischeren Art. Dahinter stehen bisher immer Menschen. Vieles vom Designdenken von Apple ist zurückzuführen auf Ideen, die aus der Hochschule für Gestaltung Ulm kamen und insbesondere auf den deutschen Designer Dieter Rams, ein echter Mensch aus Haut und Haaren, der seine schönsten Designs für die Firma Braun entwickelt hat.

Kann Digital Menschen wie Dieter Rams ersetzen? Kann Digital Schönheit, und das nicht nur als Kopie von Existierendem?

Das Elixier von Digital ist die Kopierbarkeit. Digital lebt vom Plagiat, ist Plagiat. Digital geht nicht als Unikat. Digital kann nicht Unikat!

Wenn alles reproduzierbar ist, wird das Original wichtiger, wertvoller, fand Walther Benjamin schon 1935 in seinem Aufsatz

»Das Kunstwerk im Zeitalter seiner technischen Reproduzierbarkeit«.[17] Heute können der Einzelne und das Einzelne in einem unendlichen Meer von Daten eine ganz neue Bedeutung gewinnen. Darin liegt doch eine Chance, die Chance, dass die datengetriebene Vergemeinschaftung letztendlich zu einer größeren Wertschätzung von Individualität führen kann. Das wäre doch ein interessanter Twist und ein schönes Happy End für die Digitalisierung.

Digital kann nicht echte Kreativität, Intuition, Mitgefühl, Schönheit, Sinn. Jedenfalls nicht als Einzelaktion.

Digital kann nicht das Chaotische, das sich nicht in Wiederholungen abbilden lässt, also das echt Individuelle.

Und dies bezieht sich natürlich nicht nur auf Design und Handwerk, sondern auch auf Wissenschaft, Kunst, wahrscheinlich Programmieren und das Kuratieren, wie bei der Filmgalerie.

So wie die Besucher der Filmgalerie wegen des Kuratierens durch Silvio Neubauer kommen, kann ich mir nicht vorstellen, dass wir Ausstellungen unserer Picassos, Matisses und Warhols von Algorithmen und automatischen Bewertungen zusammenstellen lassen, oder passiert dies vielleicht schon?

Wir wollen überrascht werden. Wir wollen nicht nur das bekommen, was wir uns selber vorstellen können, sondern auch gerade das, was nicht.

DIGITAL KANN NICHT UNIKAT!

Digitale Vernetzung kann tolle Resultate hervorbringen. Es vernetzt effizient die Dinge, die viele machen und irgendwie zusammenpassen. Aber die spannendsten Sachen kommen vom lateralen Vernetzen von Sachen, die auf den ersten Blick nicht zusammenpassen, sondern vielleicht erst nach vier Umdrehungen. Kann Digital lateral?

Punk wäre wahrscheinlich algorithmisch nicht zu einer der interessantesten Musikströmungen des letzten Jahrhunderts geworden, viel zu chaotisch. Big Data hätte Punk nicht bemerkt. Algorithmen analysieren, was in der Masse populär ist, und geben uns immer mehr davon. Nach einer Weile klingt dann alles nach Abba-Variationen. Beim Morgenradio ist es schon so weit.

Die Grenzen von Digital sind nicht quantitativ, Digital ist gut in allem, was Masse, was riesige Datenmengen angeht. Die Grenzen von Digital sind qualitativ. Es sind Dinge wie physische Orte und Haptik, die Digital nicht kann, und die Dinge, die dort und dadurch entstehen, wie Überraschungseffekte, die Aha-Effekte, Geistesblitze. Umwerfend Neues kommt selten aus einem linearen Planungsprozess. Es braucht einen Raum für Unordnung und Imperfektes.

Und im Imperfekten sind Menschen Digital weit überlegen.

Sogar Peter Thiel, einer der ersten Facebook-Investoren und Digitalpionier der ersten Stunde, sieht es so: »Computer können gewaltige Berechnungen vornehmen, Menschen sind gut darin, Urteile und Entscheidungen zu fällen, Pläne zu machen, die Bedeutung der Dinge zu verstehen. Zum großen Teil sind sie kein Ersatz füreinander.« Und finally sollten wir auch nicht vergessen, dass das System aus Zahlen auch anfällig ist. Damit meine ich nicht in erster Linie Cyber-Wars, sondern echte Systemfehler. Einen ersten Eindruck davon, was passieren kann, hatten wir beim Jahreswechsel 2000 mit dem Y2K-Bug, der fast die ganze Computersteuerung der Welt zum Erliegen gebracht hat und dessentwegen sich Menschen Vorräte anschafften, um eventuell Monate in ihren Häusern und Bunkern überleben zu können. In den USA hatte man sich auch schon mit Waffen eingedeckt. Zum Glück kamen wir damals noch mit dem Schrecken davon.

Und was ist mit dem Versprechen, dass Digital bald alles voraussagen kann, und mit dem die allumfassende Überwachung der Bevölkerung gerechtfertigt wird? Trotz der Datenkapazität, über die die NSA verfügt, hat diese weder den Einmarsch Putins auf der Krim vorhergesehen, noch die unheimliche Auferstehung des Islamischen Staates und auch nicht den Aufstand der Mittelschicht in Hong Kong für Demokratie. Hätte Big Data den Fall der Berliner Mauer vorhergesagt? Ich glaub nicht.

Was beim Vorhersagen von Buchwünschen vielleicht, ja vielleicht, funktionieren kann, trifft eben auf gesellschaftliche Ereignisse doch nicht so einfach zu. Aber NSA & Co. versprechen das, damit Staaten weiter systematisch ihre und die Bürger anderer Staaten überwachen lassen.

Von Bio lernen

6

In den 1990er-Jahren lebte ich mit meiner Familie für ein paar Jahre in Italien. Wir wohnten in Pecetto Torinese, einem kleinen Dorf in der Collina, 20 Minuten von Turin entfernt. Das waren die Jahre meiner italienischen Bildung. Vieles davon nützlich fürs Leben. Da waren die verschiedensten Arten, immer eine b e l l a f i g u r a machen zu müssen, was die Kleiderordnung, die Wohnungseinrichtung, die Urlaubsplanung ebenso einbezog wie die sehr strukturierten Regeln der sozialen Beziehungen. Anfangs habe ich darüber gelacht, dann mich langsam integriert, später zugegeben, dass vieles davon eine lange Geschichte hat und schon irgendwie Sinn macht. Außer vielleicht der Zwang, sich jedes Jahr nicht ohne das farblich aktuellste Ski-Outfit auf die Piste zu trauen, und ein paar andere italienische Besonderheiten.

Die nachhaltigste italienische Bildung erhielt ich im Essen und Trinken. Turin und Pecetto liegen im norditalienischen Piemont, dem Land der Antipasti, der Polenta, der Trüffel, des Banjacauda, ein in Wein geschmorter Wildbraten. Dem Land von Barolo, Barbaresco, Barbera und Gavi. Ein Paradies für Feinschmecker. 6 Monate nachdem ich nach Pecetto gezogen war, hatte ich 6 Kilo zugenommen, vor allem, weil ich mich an den Antipasti nicht satt essen konnte.

Als Großstädter kauften wir anfangs in Italien nur im Supermarkt. Im Vergleich zu London und Brüssel fanden wir diese provinziell. Bei Zahnpasta und ähnlichem gab es kaum einen Unterschied, aber bei Lebensmitteln schien das Angebot sehr zu schwanken. Was es gestern gab, musste morgen schon nicht mehr da sein, dafür gab es aber irgendetwas anderes. Wein gab es nur aus der Region. Wir waren daran gewöhnt, dass es frische Erdbeeren fürs Frühstücksmüsli das ganze Jahr gibt.

Supermärkte und Shops boten eben saisonale Lebensmittel aus der Region an. Die waren dann aber auch frisch und nicht schon tiefgekühlt Tausende Kilometer durch die Welt geflogen.

Wir gewöhnten uns dran. Nach einem Jahr kauften wir Lebensmittel direkt von Bauern um die Ecke. Wir aßen wieder im Rhythmus der Jahreszeiten und waren glücklich dabei. Sogar Kinder kann man so großziehen.

Viel ist von unserer italienischen Bildung hängengeblieben, das meiste, was Essen und Trinken betrifft. Wir kaufen saisonal, von lokalen Anbietern, auf Bauernmärkten, vieles davon Bio. Rotwein kaufen wir meist aus dem Piemont, Weißwein auch gerne aus Deutschland. Einiges bauen wir auch selbst in Mikro-Produktion an, Tomaten, Zucchini, Rucola, Basilikum, Salbei.

Warum? Nur aus italienischer Nostalgie? M a y b e, ein bisschen. Aber vor allem, weil es besser schmeckt, weil es Spaß macht, weil man sich bei der Auswahl auf den Zyklus der Natur verlässt und weil man sich besser fühlt, real und gefühlt.

Was hat das mit Digital zu tun? Vor der Digitalen Revolution kam die Industrielle Revolution, die ich schon ein paar Mal erwähnt habe. Ein Nebenprodukt der Industriellen Revolution war die Industrialisierung der Landwirtschaft. Hier muss ich ein bisschen ausholen, denn beim Recherchieren war ich selbst überrascht, wie viele Parallelen es zur heutigen Debatte um Digital gibt.

Ende des 18. Jahrhunderts stellte der englische Ökonom Thomas Robert Malthus in seinem »Essay on the Principle of Population« einen Zusammenhang zwischen Bevölkerung und Nahrungsmittelproduktion her und sah verheerende Hungersnöte voraus, da die Bevölkerungszahl exponentiell wachsen werde und daher schneller steigen könne als die Erzeugung von Nahrungsmitteln. Malthus sollte nicht Recht haben, da der landwirtschaftliche Ertrag durch die Umwandlung von Wäldern, das Trockenlegen von Feuchtgebieten und den Anbau von Nahrungsmitteln in den britischen Kolonien stieg. Durch Eisenbahn und Dampfschiff konnten neue Agrarflächen gewonnen und deren Erträge viel schneller und billiger transportiert werden. Mit der Entwicklung der Kühl- und Gefriertechnik Ende des 19. Jahrhunderts konnten Fleisch, Milchprodukte und Obst um die Welt transportiert werden. Anfang des 20. Jahrhunderts fing man mit der industriellen Pflanzenzüchtung und Pflanzenoptimierung an; 1918 wurde der erste Hybridmais entwickelt. Danach erfasste die Industrielle Revolution vollends die Landwirtschaft. Kunstdünger und chemische Schädlingsbekämpfungsmittel, Maschinen und künstliche Züchtungsmethoden führten zu einer industriellen Agrarrevolution.

Große Felder eigneten sich besser für Maschinen, also wurden kleine Felder zusammengelegt. Große Betriebe konnten sich die Maschinen eher leisten, also verschwanden kleinere Betriebe. Steigende Erträge führten zu sinkenden Preisen, wer da nicht mithalten konnte, wurde vom Markt gedrängt. Für die maschinelle Ernte waren Mischkulturen nicht geeignet, daher setzten sich Monokulturen durch. Diese brauchten Nährstoffe schneller auf und waren gegenüber Schädlingen anfälliger. Der Düngerverbrauch nahm zu. Gegen Unkräuter und Schädlinge wurden chemische Unkrautbekämpfungs- und Schädlingsbekämpfungsmittel entwickelt, deren Verbrauch ebenfalls kontinuierlich stieg.

Die Zahl der Beschäftigten in der Landwirtschaft sank dramatisch: In den USA von der Hälfte der Bevölkerung im Jahr 1920 auf heute gut 1 Prozent. In Deutschland arbeiten heute immer noch 2,3 Prozent der Beschäftigten in der Landwirtschaft.

Auch in den Entwicklungsländern stiegen die Hektarerträge durch Agro-Engineering zwischen 1960 und 1990 auf mehr als das Doppelte. Der amerikanische Agrarwissenschaftler Norman Borlaug, der optimierte Mais- und Weizensorten in Mexiko entwickelte, erhielt für seinen Beitrag im Jahr 1970 den Friedensnobelpreis, weil er »mehr als jede andere Person dieser Zeit geholfen hat, eine hungrige Welt mit Brot zu versorgen«.

Mit Überschüssen aus dem Ackerbau stand auch mehr Futter für die Massentierhaltung zur Verfügung. Konnte früher ein Bauer nur so viele Tiere halten, wie er von seinem Land ernähren konnte, wurden Rinder, Schweine und Hühner jetzt in riesigen Mastanlagen mit Überschüssen aus dem Ackerbau schneller und billiger gemästet.

Die Erzeugung von Nahrungsmitteln pro Kopf ist in den letzten Jahrzehnten so weit gestiegen, dass eigentlich niemand Hunger leiden müsste. Nahrungsmittel sind im Überfluss vorhanden und so billig wie nie zuvor in der Geschichte der Menschheit. In Deutschland gibt ein Haushalt im Durchschnitt nur noch 15 Prozent seines Einkommens für Nahrungsmittel aus – 1970 waren es noch fast 30 Prozent. War früher Fleisch für viele ein Luxusprodukt, ist es heute alltäglich. Ein Bundesbürger isst heute im Durchschnitt 60 Kilogramm Fleisch im Jahr, die Empfehlungen der Ernährungsforscher für eine gesunde Ernährung liegen bei etwa einem Drittel davon.

Mit dem Aufstieg der industriellen Landwirtschaft stieg auch die Ernährungsindustrie auf. Die Menschen, die in der Industrie arbeiteten, fanden nicht mehr die Zeit, ihr Essen selber zuzubereiten, und damit entstand ein Markt für Massenprodukte, die industriell in großen Mengen hergestellt wurden. Zu den Pionieren dieser Entwicklung gehörte Henry Nestlé, der 1867 eine neuartige Säuglingsnahrung auf den Markt brachte: Henry Nestlé's Kindermehl. Die Nestlé S.A. ist heute das größte Nahrungsmittelunternehmen der Welt. Andere große Unternehmen entstanden in den USA, etwa Heinz, General Foods, Kraft und Kellogg.

AM BEISPIEL
VON BIO KANN
MAN SEHEN,
WIE WICHTIG
NISCHEN FÜR
VERÄNDERUNGS-
PROZESSE SIND.

Sie alle brachten Tausende von Agro-Massenprodukte auf den Markt. In ihrem Windschatten entstanden andere Global Player wie McDonald's, Burger King und globale Handelskonzerne wie Wal-Mart, Metro und Tesco, die bald so mächtig wurden, dass sie den Bauern die Preise diktieren konnten.

Das alles hatte auch Nebenwirkungen. 90 Kilogramm schweren Industrieschweinen stehen noch nicht einmal 1 Quadratmeter Fläche zu. Hähnchen werden derart schnell gemästet, dass Gelenkerkrankungen, Knochenbrüche und Herzerkrankungen fast schon normal sind. Eine Kuh, die früher 1.700 Liter Milch im Jahr gab, muss heute als Industriekuh bis zu 15.000 Liter im Jahr liefern. Die Rinderhaltung ist durch die Abholzung von Regenwäldern und die Methanrülpser der Tiere einer der wesentlichen Beiträge zum Klimawandel.

Die Massentierhaltung schafft zudem ideale Lebensbedingungen für Krankheitserreger, wie wir gerade in den letzten Jahren immer wieder durch immer öfter wiederkehrende Schweine- und Hühnerseuchen erfahren haben. Um Schweine und Hühner möglichst effizient durch ihre Leben zu mästen, werden Antibiotika in deren Trinkwasser gekippt. Diese schaffen die Brutstätte für antibiotikaresistente Keime, die dann in unsere Nahrung kommen. Jedes Jahr sterben bis zu 15.000 Menschen in Deutschland an Infektionen, die durch diese antibiotikaresistenten Keime hervorgerufen werden und gegen die Ärzte gar nichts machen können. Und das alles im Namen der Effizienz, die zum Beispiel diktiert, dass Hühner innerhalb von exakt 41 Tagen ihr Schlachtgewicht erreichen müssen.

Um Haltbarkeit und Aussehen zu verbessern und dabei auch noch den Preis zu senken, werden Aroma- oder andere Zusatzstoffe beigegeben, sodass man Lebensmittel eigentlich mit einer Packungsbeilage versehen müsste. Wir haben uns an den künstlichen Geschmack gewöhnt.

Dies hat auch zu einer Entfremdung von den Grundlagen unserer Ernährung geführt. Man vergisst, dass am Anfang des Burgers ein Tier steht; man hat kein Gefühl mehr für die Zutaten und ihre Menge.

In vielen Ländern, insbesondere im Norden, führt das reichliche Angebot an jederzeit verfügbaren und billigen Nahrungsmitteln bei gleichzeitigem Rückgang der körperlichen Arbeit zu einer neuen Herausforderung: In Deutschland sind fast 60 Prozent der Erwachsenen übergewichtig, und davon ein Drittel stark übergewichtig. In den USA und Großbritannien ist der Anteil noch höher. Die höchsten Zuwachsraten gibt es heute jedoch in wirtschaftlich schnell wachsenden Schwellenländern, auch in China. Und Übergewicht ist der Wegbereiter einer Reihe von Krankheiten wie Gelenkschäden, Diabetes, Bluthochdruck, Herzleiden und schafft damit mehr Kosten und Arbeit für das Gesundheitswesen.

Trotz all dem verhungern immer noch viele Menschen, nicht weil es nicht genug gäbe, sondern weil sie sich die Lebensmittel nicht leisten können; die ärmsten Menschen müssen im Schnitt 50 bis 70 Prozent ihres Einkommens für Nahrungsmittel ausgeben. Dort, wo billigere Nahrungsmittel am nötigsten wären, kommen sie nicht an – und dies liegt unter anderem auch an ungerechten Handelsbedingungen.

Eine Antwort auf die Agro-Industrialisierung war und ist die Bewegung »Zurück zur Natur«, die Produktion und Vermarktung von Bioprodukten.

Bio- oder ökologische Lebensmittel gibt es schon viel länger als ich dachte.[18] Entstanden ist diese Art der Landwirtschaft schon in den 20er-Jahren des 20. Jahrhunderts.

1924 hält der Anthroposoph Rudolf Steiner ein Seminar

über die Zusammenhänge zwischen Natur, Kosmos und Landwirtschaft. Es ist die Geburtsstunde des biologisch–dynamischen Anbaus.[19]

Zur gleichen Zeit entwickelte der Schweizer Hans Müller den organisch-biologischen Anbau, der auf kleine Familienbetriebe und geschlossene Betriebsabläufe setzte. Mit seiner Bauernheimatbewegung wollte Hans Müller gegen die Industrialisierung der Landwirtschaft aufbegehren.

Die 1970er-Jahre erleben eine neue Hochzeit der Ökobewegung. Hippies ziehen in Scharen aufs Land, gründen Kommunen, hüten Ziegen und backen Vollkornbrot. Sie wollen ein naturnahes und selbstverwaltetes Leben als Alternative zu Konsumwahn, Massentierhaltung und Kapitalismus. Die ersten Bioläden entstehen. Dieses überwiegend vegetarische Ernährungskonzept setzt auf frische, möglichst naturbelassene Lebensmittel und Vollkornprodukte. Weißer Zucker, weißes Mehl und Fertiggerichte sind verpönt.

Die Atomkatastrophe von Tschernobyl 1986 veränderte das Verhältnis zu Natur, Landwirtschaft und Lebensmitteln bei vielen Menschen nachhaltig. Sie wollten nun wissen, wo genau ihr Essen herkommt, was im Futter von Rindern und Schweinen enthalten ist und welche Dünger, Hormone und Zusatzstoffe verwendet werden. Die Gefahr der Verseuchung und von Krankheiten war real geworden und damit wurde auch der Preis sekundär. Das führte auch zu einem ersten Bio-Boom.

Mit der größeren Nachfrage machte Bio auch ökonomisch mehr Sinn. Im Zuge dessen standen in den Supermärkten aber auch Lebensmittel im Regal, die sich »Bio« nannten, es aber nicht waren. Um die Biobauern und ihre Kunden zu schützen, erließ die EU 1991 ihre wegweisende Ökoverordnung. Dies war mein erster bewusster Kontakt mit Bio, ich war Praktikant im Europäischen Parlament und arbeitete für ein wichtiges Mitglied des Umweltausschusses. So ist vielleicht ein klitzekleines Stück von mir in jedem europäischen Bioprodukt.

Die Ökoverordnung beruht auf dem Grundsatz, dass Zutaten möglichst schonend verarbeitet werden und Zusatzstoffe weitgehend außen vor bleiben. Nur ein Zehntel der über 400 zugelassenen Zusatzstoffe dürfen Biohersteller überhaupt einsetzen. Synthetische Farbstoffe, Konservierungsmittel, Geschmacksverstärker und künstliche Vitamine sind verboten. Nur Produkte, deren landwirtschaftliche Zutaten zu mindestens 95 Prozent aus ökologischem Anbau stammen, dürfen seither die Bezeichnungen »Bio« oder »Öko« führen. Jeder Betrieb wird mindestens einmal jährlich von einer Ökokontrollstelle besucht. Die Mindeststandards der EU-Ökoverordnung halten alle Biolebensmittel ein, auch die von Aldi und Lidl. In zahlreichen Punkten jedoch sind die deutschen Anbauverbände mit ihren Bio-Siegeln Bioland, Naturland und Demeter strenger, sie sind also quasi »Bio plus«.

Gerade in den letzten 10 Jahren gab es dann eine Vielzahl von Lebensmittelskandalen, die den agrarindustriellen Komplex ins Wanken gebracht haben. SARS, Schweineseuche, BSE. In Deutschland und Europa hat dies zu einer Verschärfung der Qualitätsstandards, strengeren Kontrollen und der Förderung der Ökolandwirtschaft geführt.

Zur selben Zeit wurde der Vormarsch von großen Agrargiganten wie Monsato teilweise gestoppt, die mit genmodifizierten Methoden eine Agrarrevolution 2.0. einläuten wollten. Diese baut auf Effizienzsteigerung durch technologische Aufrüstung der Natur. Manchen ist dies egal, solange wir genug billiges Essen haben, aber gerade den Deutschen geht diese Hochrüstung der Natur zu weit.

Der Marktanteil von Ökolebensmitteln stieg in den letzten 15 Jahren um das Dreifache. Trotz dieses Wachstums macht der Anteil der ökologisch erzeugten Lebensmittel nur knapp 4 Prozent des gesamten Lebensmittelumsatzes in Deutschland aus. In einigen Teilen von Deutschland liegt der Anteil von Öko aber bei über 20 Prozent, im Berliner Bezirk Prenzlauer Berg bei gefühlten 90 Prozent. Der Anteil der ökologisch bewirtschafteten Fläche betrug 2013 6,4 Prozent, immerhin ist dies 12 Mal mehr als noch 1990.

Parallel dazu stieg die gesellschaftliche Akzeptanz in der Bevölkerung. Über 50 Prozent der Deutschen kaufen gelegentlich Bio und nur 26 Prozent sind totale Bio-Verweigerer. Gleichwohl ist ein relativ geringer Teil der Bevölkerung verantwortlich für den Großteil des Umsatzes, 3 Prozent der Konsumenten geben mehr als ein Fünftel ihrer Lebensmittelausgaben für Bio aus. Und dies sind tendenziell gut verdienende, gut ausgebildete Menschen mit Kindern.

Warum erzählte ich diese lange Geschichte von industrieller Landwirtschaft und der Bio-Bewegung? Was hat das mit Digital zu tun? Eine ganze Menge.

Die agroindustrielle Revolution hat viel Gutes gebracht, hat Hunger unnötig gemacht und unser ganzes Leben durchgreifend beeinflusst. Aber sie hat auch Risiken und Nebenwirkungen mit sich gebracht, hat zu Machtkonzentration, Manipulation, Epidemien, Krankheiten und Umweltzerstörung geführt. So wie Digital.

Was kann man aus den Erfahrungen von Bio lernen?

Einerseits die Erkenntnis, dass es sinnvoll sein kann, alte Produktionsweisen wiederzuentdecken und zu erhalten, Handwerk wiederzubeleben, Jobs zu erhalten und nicht purem Effizienzdenken zu opfern, Geschmack zu erhalten, Orte zu erhalten, die Definition von Qualität, Lebensqualität neu zu überdenken und neue Standards für das zu schaffen, was uns wichtig ist. Was noch?

Eine Kombination aus Tradition und Avantgarde. Vordenker von heute bringen die Methoden von gestern in die Gegenwart und Zukunft, machen sie wieder relevant und attraktiv. Dabei werden auch moderne Methoden von heute angewendet, solange sie nicht den Grundprinzipien von Bio widersprechen.

Externe Ereignisse sind wichtig. Bei Bio waren das Tschernobyl, SARS und die Schweineseuche. Schade, dass es so etwas braucht, aber oft setzt das Nachdenken erst im Angesicht einer Katastrophe oder einer großen Gefahr ein.

Ist der Snowden-Schock das Tschernobyl für Digital?

Angst vor den Risiken reicht nicht aus, um höhere Preise und längere Wege auf Dauer zu rechtfertigen. Bio musste einen zusätzlichen Mehrwert haben, und der maß sich im besseren Geschmack und dem besseren Lebensgefühl.

Man muss Digital nicht in allen Kategorien schlagen, Bio sieht auch nicht besser aus als industrielle Design-Lebensmittel, aber es schmeckt besser.

Analog muss auch irgendwie besser schmecken.

Solange das System der industriellen Landwirtschaft stabil, legitimiert und attraktiv war, hatten es Biobauern schwer. Erst als es Risse im System gab, konnte sich die Bio-Nische ausbreiten.

Es braucht Zeit, bis sich eine gute Idee aus der Nische in den Mainstream vorarbeitet. Am Anfang kamen die Bio-Spinner, später dann die ersten Geschäftemacher, dazu externe Ereignisse, auf die dann der Staat reagierte und neue Regeln und Rahmenbedingungen schuf, auf die dann auch das Big Business reagieren musste.

An einem bestimmten Punkt muss neben der zunehmenden gesellschaftlichen Akzeptanz eine gewisse Professionalisierung einsetzen. Spinner müssen in der öffentlichen Wahrnehmung zu Visionären werden und dann zu Geschäftsleuten oder auch Politikern.

Mit den Grünen entstand 1980 eine Partei, deren Leitmotiv die ökologische und soziale Nachhaltigkeit war und ist. Nach 20 Jahren des Marschs durch die Institutionen wurde mit Renate Künast die erste Grüne bundesdeutsche Agrarministerin. Sie benannte gleich ihr Ministerium in Bundesministerium für Verbraucherschutz, Ernährung und Landwirtschaft um und startete eine Agrarwende hin zur Entwicklung einer regional verankerten und ökologischen Landwirtschaft. Gleich während ihrer ersten Monate als Ministerin wurde das Bio-Siegel eingeführt.

Für den Weg vom Spinner zur Ministerin brauchte es Frustrationstoleranz, Durchhaltevermögen, sozialen Rückhalt, einen starken Glauben an sich selbst sowie die hohe Wertschätzung selbstbestimmten Arbeitens.

Und die ersten Pioniere müssen es schaffen, Öffentlichkeit herzustellen, durch Medien, Demonstrationen, erfolgreiches Business.

Bio ist nicht nur positiv besetzt. Da ist ja auch so mancher Schummel dabei. Deshalb ist Reputation das A und O. Doppelstandards rächen sich und können eine ganze Bewegung kaputt-machen. Es braucht Vertrauen. Und deshalb war und ist es wich-tig, bei Bio klare Regeln und Standards zu setzen und strikt zu kontrollieren.

Bio war eine Antwort auf die Gefahren und Risiken der in-dustriellen Landwirtschaft, lange bevor die Politik überhaupt ein Problem erkannt hat. Aber als das Problem auch in der Politik erkannt war, und viel dazu hat der Druck von Bio-Aktivisten beigetragen, kam der Durchbruch, da damit Rahmenbedingun-gen und Standards gesetzt wurden. Dazu zählten die Implemen-tierung eines Mindestqualitätsstandards als Voraussetzung des Marktzugangs und das Einpreisen von Externalitäten, wodurch sich Produkte, wie zum Beispiel Fleisch, verteuerten und letzt-endlich die wahren Kosten sichtbar wurden.

Am Beispiel von Bio kann man sehen, wie wichtig Nischen für Veränderungsprozesse sind und wie es Nischen schaffen kön-nen, auf einen dominierenden gesellschaftlichen und technischen Trend einzuwirken.

In der Transitionstheorie werden Nischen deshalb auch als Laboratorien bezeichnet, in denen alternative Praktiken, Lebens- und Produktionsweisen entstehen, die sich im Falle eines erfolgrei-chen Transformationsprozesses ausbreiten und hochskaliert wer-den können. Nischen-Akteure sind als mutige Vordenker und Vor-reiter von grundlegender Bedeutung für Veränderungsprozesse.

Analog ist das neue Bio. Die Parallelen scheinen mir ganz eindeutig. So wie Bio eine Antwort auf die industriel-le Massenproduktion von Lebensmitteln ist und diese nun beeinflusst, kann Analog

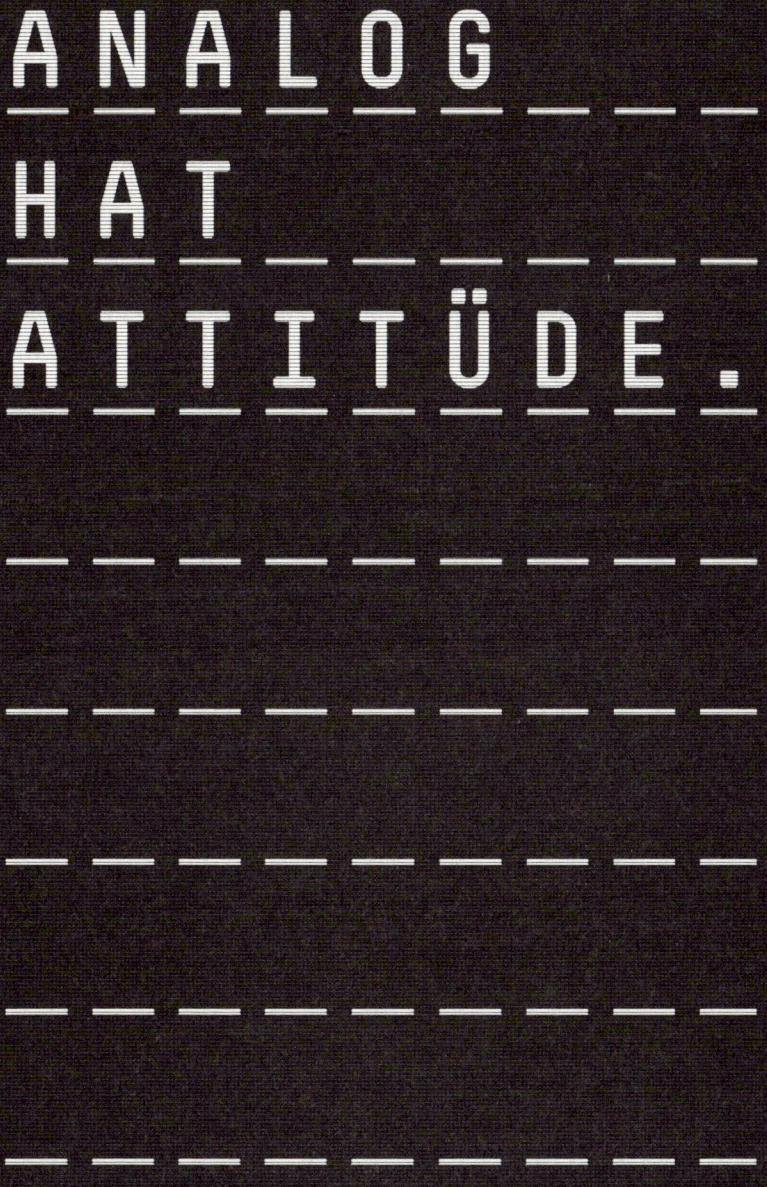

ANALOG
HAT
ATTITÜDE.

eine Antwort auf die industrielle Massenproduktion und Verarbeitung von Daten sein und auch diese Entwicklung beeinflussen.

Wie Bio eine Nische innerhalb eines dominanten Trends der industriellen Landwirtschaft ist, sehe ich Analog als Nische innerhalb eines dominanten digitalen Trends. Auch wenn Bio und Analog sich als Nische ausbreiten und den Mainstream beeinflussen, werden sie die dominanten Trends nicht umkehren. Aber sie können diese verändern.

Analog steht dabei für mich als Kurzform für Nicht-Vernetzt, das Gegenteil der Vernetzung von großen Datenmengen, von Big Data. Man könnte auch Small Data dazu sagen.

Analog steht gegen unendlichen Datenwachstum. Analog ist endlich. Analog ist imperfekt, ist subjektiv, Analog hat Attitüde. Analog kann nicht sofort alle Wünsche erfüllen.

So wie Bio ist auch Analog nicht nur eine ökonomisch begründete Entwicklung. Analog ist nicht nur keine digitale Überwachung, kein digitaler Konsumterror, kein automatisierter Staat mit automatisierten Bürgern, sondern Analog steht auch für eine selbstbestimmte Lebensqualität und Lebenskultur. Vielleicht auch einfach für Glück.

Bio ist nicht Revolution. Eher subversive Evolution. Und Analog auch.

Bio steht wie Analog für die eigene Tat zur Weltverbesserung. Nicht nur schimpfen und dann trotzdem dem Herdentrieb folgen, sondern selbst aktiv werden.

Analog ist nur ein Weg, aber man kann selbst etwas tun

Edward Snowden hat

und fühlt sich besser dabei.

gezeigt, welchen Einfluss ein Einzelner haben kann.

In mindestens einem Punkt hakt der Vergleich von industrieller Landwirtschaft und Digital. Durch die industrielle Massenproduktion von Lebensmitteln produzieren wir so viel, dass wir immer noch ungefähr 50 Prozent davon wegschmeißen.[20] Wir produzieren auch eine unvorstellbare Masse an Informationen und Daten, von denen ein Großteil noch nicht direkt konsumiert wird. Aber im Unterschied zu Lebensmitteln werden die Daten nicht weggeworfen. Es gibt kein Verfallsdatum, keine Verbrennungsanlagen, alles wird aufgehoben, neu geordnet und erfüllt in irgendeiner anderen Form einen Zweck. Dies ist möglich, weil wir die technische Kapazität haben und Daten in Clouds irgendwo immateriell abgelegt werden. Big Data ist Massenproduktion mit 100-prozentiger Verwertbarkeit, die ultimative Nicht-Wegwerf-Gesellschaft, ein Wunder des Recyclings und der Nachhaltigkeit. Ob das tatsächlich so ist und auch gut gehen kann, bezweifle ich.

Aber ansonsten bin ich mir sicher: Analog ist das neue Bio.

Die verdrehte Digitale Schere

7

Spreche ich mit Leuten über Analog und Bio, ernte ich meist ein überrascht-amüsiertes Lächeln, dann setzt das Nachdenken ein und dann kommt oft die Frage nach dem Preis.

> »Gedruckte Zeitungen sind wie Pferde. Man braucht sie nicht zur Fortbewegung, hält sie sich aber gerne, wenn man sie sich leisten kann.«
> JEFF BEZOS

Mein alter Freund Welle spricht für viele: »Bio leistet sich ja auch nur eine bewusste und betuchte Oberschicht.« Die gute Nachricht ist, dass jeder User weitestgehend die Möglichkeit hat, selbst den Grad seiner Transparenz zu bestimmen, bis hin zur partiellen Verweigerung. Und da sind wir bei den Lebensmitteln. Dort ist es eine Oberschicht, die Bio bezahlen kann und will. Bei der Entscheidung Analog oder Digital geht es um die Fähigkeit Entwicklungen mitzulernen. In beiden Fällen eine Frage der Bildung und der Aufklärung. Und die Entscheidung hat seinen Preis. Obwohl Bioprodukte im Vergleich zur Massenproduktion in den letzten Jahren billiger geworden sind, ist Bio immer noch um einiges teurer als Massenware, bei Geflügel 140 Prozent teurer, bei Fleisch »nur« 44 Prozent.

Und dies liegt nicht nur an den Produktionsmethoden, sondern ist ja auch bewusst Teil des Konzepts. Lieber weniger kaufen und essen, aber dafür Qualität, statt Massenware, die weggeworfen wird.

Nicht jeder kann und will sich Bio leisten, trotz der Vorteile. Dies ist aber nicht das Problem von Bio, sondern eine Herausforderung an unsere Gesellschaft, Reichtum so zu verteilen, dass sich alle Menschen hochwertiges und gesundes Essen leisten können.

Lieber Bio für alle, als Kein Bio für niemand.

Ähnlich ist es bei Analog. Und das ist eine der für mich überraschendsten Ergebnisse meiner Erkundungsreise ins Digitale. Analog wird tendenziell teurer sein als digitale Massenproduktion. Ein Brief kostet mehr als eine E-Mail, gedruckte Bücher sind teurer als E-Books, Menschen persönlich zu treffen ist teurer als auf Facebook zu chatten, insbesondere wenn man dies mit 100 und mehr Menschen macht.

Wahrscheinlich ist es sogar dramatischer, weil die Entscheidungsfreiheit, Analog zu sein, kleiner ist als bei Bio, da es hier nicht nur um den Preis geht. Bio kann sich vielleicht nicht jeder leisten, aber Digital können sich die meisten nicht n i c h t leisten.

Noch vor wenigen Jahren sprachen wir von der Digitalen Schere als einer Situation, in der die wohlhabenden Leute moderne, digitale Kommunikationstechnologie nutzen können und ärmere Leute nicht die Bildung und den Zugang zum Internet und seinen Möglichkeiten haben. Das trifft auch noch vielerorts zu, obwohl der Vormarsch günstiger Smartphones und Tablets dies schon relativiert hat.

Es bildet sich aber eine neue Digitale Schere heraus. Eine Schere zwischen denen, die es sich leisten können, nicht immer digital zu sein und den anderen, die dies nicht mehr können, weil analoge Alternativen zu teuer sind. Sie müssen digital einkaufen, weil es billiger ist, sie müssen skypen, weil sie sich physisch nicht besuchen können etc.

Entwickelt sich eine neue Zweiklassengesellschaft, in der analoge Dienstleistungen und Waren Luxus für eine kleine Schicht sind, während die Massen digitale Dienstleistungen und digital produzierte Waren konsumieren werden?

Es wird weiter human products und services geben, man muss sie sich bloß leisten können. Es wird Krankenhäuser mit analogem Personal (Menschen) geben, und mit digitalem Personal (Maschinen). Da muss man dann eine Auswahl treffen zwischen treurerem Menschen oder billigeren Maschinen. Je nachdem, ob man sich analog = Mensch leisten kann und will.

Der andere Mensch wird zum Luxus, als Kollege, Assistent, als Verkäufer, Dienstleister, Arzt, Freund, vielleicht sogar Liebhaber.

Dasselbe gilt für Unterhaltung. Spielen kann man digital auf dem Smartphone oder über eine dieser neuen Virtual-Reality-Brillen, mit denen man faktisch in eine ziemlich reale Fantasiewelt eintaucht. Aber wenn man es sich leisten kann, kann man analog ins Fußballstadion, ins Theater, Kino, Konzert gehen. Man kann an einem Virtual-Reality-Strand liegen, oder einem echten analogen Strand, es ist eine Frage des Geldes und bald der Klasse.

Die digitalen Großmeister im Silicon Valley wissen das schon und investieren privat in Analog. Ihre Kinder schicken sie auf analoge Schulen ohne Smartboards und Laptops, sondern mit Kopfrechnen und Basteln.

Im Silicon Valley boomen die Waldorfschulen. Die Kinder der digitalen Elite lernen dort ohne Bildschirme, aber mit viel physischer und menschlicher Interaktion, handwerkliches Arbeiten, durch Basteln. Es gibt Wandtafeln mit bunter Kreide,

Bücherregale und Bastelmaterial mit Anleitungen. Und das analoge Lernen muss man sich leisten können, im Silicon Valley für immerhin 24.000 $ im Jahr. Warum? Chris Anderson, CEO von 3D Robotics, sagt, »weil wir die Gefahren von Technologie aus erster Hand erfahren haben. Ich sehe es an mir selbst. Ich will nicht, dass meinen Kindern das passiert.« Bei Steve Jobs waren iPads zu Hause verboten: »Wir begrenzen, wie viel Technologie unsere Kinder zu Hause nutzen dürfen.«[21]

Mein Freund Welle hat mit seiner Mahnung Recht, Analog wird teurer als Digital sein und kann gar zu einem Luxus werden, den sich nur die Gutbetuchten leisten können.

Vielleicht werden wir eine ganz geerdete analoge Oberschicht bekommen, während der Rest in die digitale Cloud verfrachtet wird.

Die Geschichte von Bio zeigt, dass es nicht so kommen muss und dass dies auch von uns abhängt. Denn je mehr Menschen sich dem Analogen zuwenden, desto billiger werden Dienstleistungen und Produkte, einfach durch e c o n o m y o f s c a l e und Wettbewerb. Und je größer die Nische wird, umso mehr kann sie den Mainstream beeinflussen. So wie jetzt Aldi auch Bio anbietet, wird Amazon vielleicht bald auch analoge Buchläden betreiben.

Damit alle Menschen eine freie Entscheidung für Analog treffen können, lesen Sie bitte weiter.

Was tun?

»Wir sind die Kinder einer Denkkultur geworden, die das Denken vom Machen abgekoppelt hat, um es allein auf logische Exaktheit zu fixieren. An die Stelle des Tuns trat der Genuss aus dem Konsum. Wir sitzen im Gefängnis der eigenen Vernunft. Je mehr wir wissen, um so weniger können wir tun.«

OTL AICHER, ANALOG UND DIGITAL, 1991

In **eins** habe ich versucht, die Superdroge Digital zu verstehen, die sonnigen wie die schattigen Seiten. In **zwei** habe ich mich an die Grenzen von Digital begeben, mich über Lebensmittel, Industrialisierung und Bio schlau gemacht und eine Analogie zwischen Bio und Analog entdeckt. In **drei** geht's ums Tun.

2005 wollte sich die Europäische Union eine Verfassung geben. Die Zeit schien reif dafür zu sein. Den Europäern ging es gut, der Kalte Krieg war vorbei, die Teilung Europas überwunden, eine gemeinsame Währung eingeführt, man lebte seit Jahrzehnten in Frieden. Manch einer sprach davon, dass Europa die befriedende Supermacht des 21. Jahrhunderts werden würde. Dass Europa da eine Verfassung wie die Amerikaner bräuchte, war nur logisch. Aber dann kam es doch anders als alle dachten. Die Iren, Franzosen und Niederländer sagten in Volksabstimmungen Nein zur EU-Verfassung. Aus unterschiedlichen Gründen, aber letztendlich, weil sie Europa nicht mehr verstanden, weil es ihnen unheimlich geworden war, weil sie ihre Rolle darin nicht mehr sehen konnten. Für mich war das damals ein Schock. Wie konnte es zu diesem großen Missverständnis zwischen europäischen Eliten und europäischen Bürgern kommen? Oder war es gar mehr als ein Missverständnis? War die scheinbar unaufhaltsam voranschreitende europäische Integration an ihrem Ende angelangt? War es gar der Anfang eines Roll-Backs?

Es folgten Diskussionen, Streits, Artikel, Papiere, Konferenzen, eine neue Fassung der Verfassung mit anderem Namen, neue Abstimmungen und eine Beruhigung der Lage. Europa war wieder o n t r a c k, bis zur Eurokrise zumindest.

Ich arbeitete damals in Brüssel als Sprecher und Lobbyist für eine offene Gesellschaft, und für mich begann 2005 die Krise Europas. Engagierte Europäer müssten doch jetzt was tun? Wir bräuchten eine neo-europäische Bewegung, die smart, jung, bürgernah und auch subversiv sein sollte, so lautete das Ziel von etlichen Menschen, die ich damals kannte, und wir setzten uns zusammen. Es gab Papiere, Treffen, Zustimmung. Aber es mangelte am »Was tun«. Nach zwei Jahren hatten wir zwar ein paar neue Initiativen, aber nur zu einzelnen Themen, und scheinbar nicht den entscheidenden. Die große Idee hat es nicht mal zum

Zu viel Denken, zu wenig Tun.

Prototyp geschafft. ....

Heute frage ich mich, ob Europa in einer besseren Lage wäre, hätten Leute wie ich 2005 den Schritt von der richtigen Analyse und guten Ideen hin zum richtigen Tun geschafft. Hätten wir trotzdem überall immer stärker werdende anti-europäische und rechtspopulistische Bewegungen und einen offenen Trend zurück zu nationalstaatlichen Lösungen statt gemeinsamen europäischen?

»Was tun?« ist eine der besten Fragen überhaupt. Vielen von uns genügt es zu analysieren, zu debattieren, nachzudenken, Ideen zu haben, Pläne zu machen, Strategien zu entwerfen. Wenn es zum Schluss noch zum Tun reicht, auch gut.

Geschichten wie diese gibt es viele, jeder kennt solche, ich auch, siehe oben. Dass ich jetzt nicht Digital-Milliardär bin, ist vielleicht auch ein Beispiel dafür, dass es letztendlich am »Was tun?« gescheitert ist.

Die digitalen Hippies sind da anders. Die haben eine Idee und machen sich gleich an die Umsetzung. Ich habe das mal bei einem Hackathon miterlebt. Am Tag wurden zusammen mit Experten ein paar Ideen ausgeheckt und über Nacht entstanden aus diesen Ideen dann App-Prototypen, zum Beispiel eine clevere Europa-Quizz-App. Die funktionierten auch, noch nicht rund, aber passabel. Fehler wurden erkannt, eliminiert und dann am Prototyp weitergebastelt.

Entwicklung durchs Tun, testen, noch mal tun, verwerfen, neu anfangen, noch mal tun. Das hat was. Und man kommt schnell voran.

Zur Diskussion rund um die Digitalisierung ist viel Papier bedruckt worden. Ein richtig gutes Feuilleton ist heute nicht komplett ohne eine smarte Betrachtung zu Digital, auf Papier gerne auch kritisch. Währenddessen sind die Wirtschaftsteile der großen Zeitungen voll von Meldungen über Firmenübernahmen digitaler 10-Mann-Buden zu Milliardenbeträgen.

Wir sind voll drin, in der Digitalen Revolution. Und wir fühlen uns gut, wir stehen auf Digital. Aber Digital macht auch Angst. Bei manchen führt das zu Panikattacken. Aber die Angst, das digitale Rad zurückzudrehen, ist nicht die Lösung. Das geht nicht und würde auch keinen Spaß machen.

Google-Bashing ist langweilig. Google und die anderen sind clevere Unternehmen mit cleveren Leuten. Aber das heißt noch lange nicht, dass man denen einfach die Zukunft überlässt. Da wollen wir ja selber mit ran. Unser Anspruch sollte sein: Wir machen Zukunft und nutzen dazu Google & Co. Und nicht umgekehrt!

Wie sich an der Bio-Geschichte ablesen lässt, können unerwartete Ereignisse eine katalytische Funktion zum »Was tun?« haben. Bei Digital hatten wir so ein katalytisches Ereignis, den Snowden-Schock. Da gab es aber kein Blut auf der Straße. Trotz der großen Debatte, die Snowden ausgelöst hat, war es bisher eher wie die Explosion in einer Feuerwerksfabrik, bei der kein Mensch ums Leben kam, mit viel buntem Feuerwerk, überschaubarer Zerstörung, viel Rauch, aber wenigen systemischen Konsequenzen.

Wir sprechen so selbstverständlich von Digitaler Revolution. Aber wer und wo sind die Revolutionäre? Wo sind die Barrikaden? Wer sind die Gewinner und die Verlierer? Wenn die Menschen die Verlierer sind, sollten sie mal über Konterrevolution nachdenken, ein bisschen wenigstens.

Konterrevolution? Das passt nicht zu mir. Das ist rückwärtsgewandt, nicht Rock'n'Roll, sondern Roll-Back. Da sehe ich mich nicht. Eher bin ich auf der Seite der mutigen, heldenhaften Revolutionäre, der Vorkämpfer für eine bessere Welt, beim Vorwärtsdrehen des Rades. Aber es lohnt sich, das Wort Konterrevolution etwas differenzierter zu betrachten. Haben wir nicht 1989 gerade eine erfolgreiche Konterrevolution erlebt?

Und Bio ist ja auch eine Art Konterrevolution gegen die industrielle Agrarrevolution. Dabei stürzt Bio nicht das System an sich, sondern ändert es von innen.

So, was tun?

Digital muss Instrument bleiben und darf sich nicht verselbstständigen. Menschen müssen weiter selbst denken und entscheiden können.

Wir wollen eine progressive digitale Gesellschaft, die uns Menschen mehr nutzt als schadet, in der die Nebenwirkungen kontrollierbar bleiben, in der wir Menschen die Hoheit über Digital behalten und sich diese Beziehung nicht schleichend umdreht.

Manche würden weiter gehen und sagen, es geht um die Zukunftsfähigkeit der Spezies Mensch. Dafür müssen wir etwas tun.

Wir dürfen uns nicht einlullen lassen durch immer perfekteren Siri-Talk (Meinen die eigentlich Sirenen?). Wir müssen raus aus den Konferenzen, weg von den Feuilleton-Artikeln, rein in die reale und digitale Welt. Sonst wachen wir irgendwann auf und werden durch Zwänge und Technik entschieden, statt selbst zu entscheiden.

Auf den folgenden Seiten habe ich mir ein paar Gedanken übers Tun gemacht, übers Große Ganze und über das Große Kleine.

Beim Großen Ganzen geht es um die Gesellschaft, die bestmögliche Nutzung von Digital, um Regeln, um smarte Fesseln, um die Zähmung von Digital durch den Menschen.

Beim Großen Kleinen geht es um den Einzelnen. Wir können etwas erreichen, indem wir die digitale Welt austricksen, indem wir nur das Notwendige digital machen. Und wenn dies genug Menschen tun, werden wir damit, als analoges Netz sozusagen, auch digitale Standards beeinflussen.

Das Große Ganze und das Große Kleine gehören zusammen. Denn wir wollen nicht nur meckern und vollmundige Forderungen an die da oben abgeben, ohne uns selbst zu bewegen. Wir sollten bei uns selbst anfangen, damit die Politik wecken und auf Trab bringen. Nur so kommt man aus den Feuilletons hinaus ins Leben.

So wie bei unserer Bio-Analogie. Die industrielle Landwirtschaft wurde durch Standards und Gesetze gezähmt und sicherer gemacht. Und Bio hat eine Nische geschaffen, die den Landwirtschafts-Mainstream dauernd herausfordert, dabei alte Lebensqualität erhält und neue schafft.

WIR MACHEN
ZUKUNFT,
UND NUTZEN
DAZU GOOGLE
& CO. UND
NICHT
UMGEKEHRT!

Silvio Neubauer von der Filmgalerie ist kein großer Western-Fan. Ich auch nicht. Als ich fragte, was denn wohl die besten Western aller Zeiten seien, hatte jeder, der gerade im Laden war, eine Meinung. »Butch Cassidy und Sundance Kid« mit Robert Redford und Paul Newman wurde genannt, »Der mit dem Wolf tanzt« mit Kevin Costner, »Erbarmungslos« mit Clint Eastwood, »Django Unchained« von Quentin Tarantino, »Chingachgook, die große Schlange« mit DDR-Chefindianer Gojko Mitic und, auf Wunsch eines einzelnen Herrn, »Fluss ohne Wiederkehr« mit Marilyn Monroe. Als Einstimmung zu diesem Kapitel habe ich mir dann »Spiel mir das Lied vom Tod« mit Charles Bronson ausgeliehen. Ich habe den Film früher bestimmt 20 Mal gesehen. Jetzt ewig nicht mehr. Für echte Western-Fans ist es wahrscheinlich ein Pop-Film, kein Rock 'n' Roll. A n y w a y. Warum ein Western?

> »Zähmen sollen sich die Menschen, die sich gedankenlos der Wunder der Wissenschaft und Technik bedienen und nicht mehr davon geistig erfasst haben als die Kuh von der Botanik der Pflanze, die sie mit Wohlbehagen frisst.«
> ALBERT EINSTEIN

Der Wilde Westen war eine prägende Zeit für Amerika und wird auch noch heute romantisiert. Es geht um den Goldrausch, Landeroberung, Öl, Eisenbahn, harte Männer und harte Frauen, Pferde, Wagenburgen, Salons, Schießereien. Es war eine wahnsinnig aufregende Zeit, mit rasantem Fortschritt, Pioniergeist, b i g t h i n k i n g. Ich habe in meiner Kindheit, wie jeder damals,

Cowboy und Indianer gespielt, ganz analog noch. Spielen Kids das heute eigentlich digital?

Der Wilde Westen war auch eine sehr brutale Zeit, nicht nur wegen der Revolverduelle. Es herrschte das rohe Gesetz des Stärkeren. Die Ureinwohner Amerikas wurden umgebracht, enteignet, und die, die überlebten, dann in Reservate abgeschoben. Das Land wurde schnell und brutal industrialisiert. Menschen und Natur wurden dem ohne Zögern untergeordnet. Es gab ja genug davon.

Wir befinden uns in der Wild-West-Phase der Digitalisierung. Statt Cowboys sind die Tech-Nerds nun die Pioniere. Daten sind das Gold und Öl des digitalen Wilden Westens. Um an diesen Schatz ranzukommen, werden alle Mittel zum d a t a m i n i n g eingesetzt, physisch schmutzig muss man sich dabei nicht mehr machen. Das Internet ist das Eisenbahnnetz unserer Zeit. Vielleicht sind unsere Smartphones die Revolver unserer Zeit. Und auch der Sheriff vom NSA mischt kräftig mit. Die Ureinwohner werden enteignet, diesmal nicht durch Glasperlen und Alkohol, sondern iPhones, Angry Birds, Siri und die Droge Digital. Ob sie in Reservate abgeschoben werden und wie diese dann aussehen, wird die Zeit zeigen. Welche werden die Indianer des digitalen Wilden Westens sein?

Auf die wilde, brutale Phase folgte die zähmende, Regel setzende Phase, die die Basis für den Aufstieg Amerikas zur führenden wirtschaftlichen, politischen und kulturellen Macht des 20. Jahrhunderts war. Gesetze wurden gemacht, das Recht durchgesetzt. Öl- und Stahl-Monopole wurden gebrochen. Arbeitsstandards wurden eingeführt. Die Rechte der Ureinwohner wurden anerkannt und in gewissem Maße Wiedergutmachung geleistet. Nur gegen die Waffenlobby konnte man sich nicht durchsetzen. Hier lebt der Wilde Westen fort.

Es ist irgendwie wie mit den Pferden in den Wild-West-Filmen. Die wilden Mustangs waren die schnellsten, schönsten und stärksten. Aber sie mussten vom Menschen gezähmt werden, damit man sie reiten konnte, nicht abgeworfen wurde und unter die Hufe kam. Nach der Zähmung waren diese Pferde dann die treusten Gefährten, mit denen unzählige Schlachten gewonnen wurden.

Um die Zähmung von Digital geht es jetzt. Und um das Reiten von Digital. Um beides zusammen. Denn ohne die Zähmung von Digital werden wir irgendwann abgeworfen und kommen unter die Hufe.

Datenschutz braucht Recht Noch 1983 kam es zu Massenprotesten, als der Bundestag ein Gesetz zur Volkszählung beschloss, was noch im selben Jahr vom Bundesverfassungsgericht als verfassungswidrig gekippt wurde. Dabei ging es im Fragebogen um harmlose Dinge: Geschlecht, Familienstand, Schulabschluss wurden abgefragt oder wie man seinen Lebensunterhalt bestreitet und welches Verkehrsmittel man benutzt, um zur Arbeit zu kommen. Das Verfassungsgericht urteilte damals: »Das Grundgesetz gewährleistet insofern die Befugnis des Einzelnen, grundsätzlich über die Preisgabe und Verwendung seiner persönlichen Daten zu bestimmen.«[22]

Dieser Grundsatz gilt unverändert und nicht nur, wie im Fall der Volkszählung, für den staatlichen Umgang mit persönlichen Daten. Persönliche Daten sind schutzbedürftig. 2008 hat das Bundesverfassungsgericht das Recht auf informationelle Selbstbestimmung um das Recht auf Vertraulichkeit und Integrität informationstechnischer Systeme ergänzt.

Die renommierte Wirtschaftsprofessorin Shoshana Zuboff von der Havard Business School beschreibt die Lage so: Persönliche Daten werden über Big Data von privaten und staatlichen Gesellschaften systematisch abgebaut, vieles davon so, dass sie für uns unsichtbar und unerkennbar bleiben, während wir uns durch die virtuelle und reale Welt bewegen. Diese Überwachungs- und Abschöpfungspraktiken stellen tiefe Verletzungen dar – materielle, soziale und politische –, die wir erst jetzt zu verstehen vermögen, vor allem wegen des verdeckten Ablaufs dieser Operationen. Was bei den einen neutral »Big Data« heißt, ist für die anderen Datenklau und Handeln mit Hehlerware. Wir haben ja nicht gesagt, dass Unternehmen und Staaten unsere Daten einfach von uns nehmen dürfen. Sie haben sie einfach genommen, weil sie es konnten.[23]

Daten müssen zumindest so geschützt sein wie Geld. Dazu müssen Daten verschlüsselt sein, und zwar als Grundeinstellung und nicht erst auf Anfrage. Wenn mir Geld gestohlen wird, kann ich die Polizei rufen. Meine Bank muss mein Geld so aufbewahren, dass es sicher und für mich abrufbar ist. Meine Bank hat auch die Pflicht, mich über ihre Produkte so zu informieren, dass ich diese verstehe. Wenn sie das nicht tut, macht sie sich strafbar.

Obwohl wir in Deutschland eine gute Grundrechtslage haben, ist deren Wirkung durch den transnationalen Charakter der digitalen Welt begrenzt. Meine Gmails und meine Googlesuche laufen über Server in Kalifornien oder sonstwo. Wir brauchen europäische und besser noch internationale Lösungen.

Datensammeln ist ein internationaler Wachstumsmarkt, auf dem strenge Regeln anscheinend nur stören. Amerikanische Unternehmen sind hier bisher im Vorteil, weil es dort kaum Datenschutz gibt, der über einen eng gefassten Privatbereich hinausgeht. Sie dürfen Daten sammeln, so viel sie wollen und die Ausbeute als ihr Eigentum betrachten. In Europa verbietet das eigentlich schon die Datenschutzrichtlinie aus dem Jahr 1995, die aber erhebliche nationale Gestaltungsspielräume lässt, sodass durch die unterschiedliche Auslegung in den 28 Mitgliedsländern der EU Schlupflöcher entstanden sind, die von den großen Tech-Fir-

DATEN SIND
DAS GOLD UND
ÖL DES DIGI-
TALEN WILDEN
WESTENS.

men smart ausgenutzt werden. Sie siedeln sich eben gezielt dort an, wo der Datenschutz schwach ist, zum Beispiel in Irland.

Europa muss bei Digital mit einer Stimme sprechen. Die seit ein paar Jahren heiß debattierte neue europäische Datenschutzverordnung geht da in die richtige Richtung. Sie will einheitliche EU-Regeln für die Verarbeitung personenbezogener Daten durch private Unternehmen etablieren. Dadurch soll einerseits der Schutz personenbezogener Daten in Europa sichergestellt, andererseits der freie Datenverkehr innerhalb des europäischen Marktes gewährleistet werden. Und dies wird auch für Unternehmen wie Google, Facebook und Alibaba gelten, die ihren Sitz außerhalb der EU haben, aber in Europa aktiv sind.

Deutschland und Europa sind wichtig, aber in einer digitalen Welt sind sie nur ein Fisch im globalen Teich. Was wir brauchen ist ein international gültiges Gesetz, ein »bill of digital rights«. Dieses muss einklagbar sein. **Wer sich ein bisschen mit der Geschichte des europäischen Datenschutzes beschäftigt, wird das gigantische Ausmaß dieser Idee begreifen. In Google-Speak wäre es ein Moonshot-Projekt und würde mit dem notwendigen Enthusiasmus angegangen. So sollten wir es angehen.**

Packungsbeilage für Digital Digital ist kompliziert. Wie ein Auto funktioniert, können viele von uns noch verstehen, vielleicht sogar noch ein Flugzeug. Aber wie ein iPad funktioniert, ein Suchalgorithmus oder die NSA, ist für die meisten von uns unfassbar. Aber um echte Entscheidungen zu treffen, muss die Welt wieder fassbar werden.

Im ersten Teil habe ich mich gefragt, wer der Arzt oder Apotheker ist, an den man sich im Fall von Risiken und Nebenwirkungen wenden kann. Wer testet Digital auf Verträglichkeit und stellt Bedingungen für das Abstellen der Nebenwirkungen?

Stellen wir uns vor, Digital wäre ein Arzneimittel. Bei Arzneimitteln wissen wir, dass man diese sorgfältig testen, klassifizieren und regulieren muss, bevor sie in die Apotheke kommen. So stellen wir sicher, dass Arzneimittel nicht schädlich sind und Ärzte und Konsumenten über mögliche Risiken und Nebenwirkungen ausreichend informiert werden. Es gibt freiverkäufliche und rezeptpflichtige Medikamente.

Es gibt auch den illegalen Drogenmarkt, der von kriminellen Kartellen kontrolliert wird, die ein gut eingespieltes Netzwerk von lokaler Produktion und globalem Verkauf beherrschen. Aber Digital ist ja eine legale Droge.

Oder nehmen wir die Lebensmittelindustrie. Hier gibt es Gesetze und Standards, um Lebensmittel sicher zu machen und Konsumenten über einzelne Bestandteile, den Herstellungsort und die Produktionsmethoden zu informieren. Übrigens auch und gerade bei Bio.

Die Droge Digital ist legal und soll auch legal bleiben. Aber der Digitalmarkt ist noch größtenteils intransparent und unkontrolliert, es wird nicht konsequent staatlich getestet oder klassifiziert. Oder?

Deshalb brauchen wir so etwas wie eine Packungsbeilage für digitale Produkte. Diese soll in erster Linie Transparenz schaffen, einschließlich der Offenlegung der benutzen Algorithmen, darüber, zu welchem Zweck sie eingesetzt werden, welche Daten diese verarbeiten und nach welchen Kriterien sie arbeiten. Dazu muss ein staatlich kontrolliertes System zum Testen und Klassifizieren eingeführt werden. Die Packungsbeilage muss auf Risiken und Nebenwirkungen hinweisen und auf dieser Basis die Dosis für verschiedene Altersgruppen bestimmen.

Die Packungsbeilage muss kurz und verständlich geschrieben sein. Es geht um echte Hilfe für Nutzer und nicht um eine Neuauflage der ellenlangen Allgemeinen Geschäftsbedingungen (AGBs).

Denn bisher schützen die AGBs vor allem die Firmen davor, dass wir diese lesen und mitbekommen, was sie eigentlich machen. Datennutzung ist in fast allen AGBs offen aber versteckt geregelt. Leider liest fast niemand die oft buchdicken AGBs. Wir klicken einfach schnell weiter, um das neue Buch online bestellen zu können und das neue IOS runterzuladen. Aber mit der Zustimmung gibt man die Fremdnutzung der eigenen Daten freiwillig ab. Und die AGBs sind genau deshalb so geschrieben, damit der Kunde sie nicht liest oder beim Lesen einschläft.

Statt AGBs, die kaum einer versteht, brauchen wir eine Packungsbeilage, die alle verstehen. So kann Digital wieder fassbar werden. Statt Juristenlatein sollten wir leicht verständliche Sprache benutzen.

Mein wichtigster Kunde während meiner Zeit als Werber war das Europäische Behindertenforum. Für diesen Kunden haben wir alle Texte in Publikationen und im Web in einfach lesbare Sprache übersetzt, damit sie tatsächlich jeder verstehen konnte, auch Menschen mit Lernschwierigkeiten. Und siehe da, die Texte wurden besser, verständlicher, fassbarer. Für alle. Kurze Sätze, keine Abkürzungen, keine Fremdwörter und trotzdem blieben die Texte kürzer als die Originalversion. An diesem Standard sollten wir uns orientieren, denn beim Verstehen von Digital sind 99 Prozent von uns behindert.

Wenn es um die Länge der Packungsbeilage geht, sollten wir die absolute Verkürzung auf das Wesentliche anstreben.

Neulich gab es den Wettbewerb, den Inhalt ganzer Bücher auf einen Satz von 140 Zeichen runter zu brechen. Mit tollen Ergebnissen:»Der eine wartet. Der andere kommt nicht. Ende.« (Warten auf Godot), »Dänischer Prinz dreht langsam durch.« (Hamlet), oder»Hingerichteter wird wieder lebendig und die Augenzeugen gründen Sekte, die schnell wächst.« (Neues Testament). In diesem Geiste sollte man mal einen ähnlichen Wettbewerb für die besten AGBs und dann auch für die besten Packungsbeilagen machen. Es können ja zum Schluss mehr als 140 Zeichen rauskommen, aber lass sie uns auf 1000 Zeichen begrenzen.

Ein nachahmenswertes Beispiel ist auch das Ampelsystem für Lebensmittel, das es schon in einigen Ländern wie zum Beispiel Großbritannien gibt und von FoodWatch auch für Deutschland und für ganz Europa verpflichtend gefordert wird. Statt Nährwertangaben der Verschleierungprosa der einzelnen Hersteller zu überlassen, werden diese einheitlich, leicht verständlich und vergleichbar dargestellt. Dazu nutzt man Signalfarben, die die Information über die wichtigsten Nährwerte Fett, Zucker und Salz einfach macht. Grün steht dabei für einen geringen, Gelb für einen mittleren und Rot für einen hohen Gehalt am jeweiligen Nährwert. Die Ampel für Digital. Die kann ich mir gut vorstellen. Statt Nährwert zu verampeln, kann man den Abhängigkeitsgrad von Digital ausweisen.

Man kann natürlich auch über die Packungsbeilage hinausgehen und eine Altersbeschränkung beim Verkauf von Digitalprodukten einführen.

Oder ein flächendeckendes Digitalverbot in Restaurants und Kneipen einführen.

Oder eine gesetzliche Informationspflicht bei Werbung und Verpackung, vergleichbar beispielsweise mit den Hinweisen auf

Zigarettenpackungen: »Nutzen Sie Digital verantwortungsvoll. Digital kann abhängig und unselbstständig machen. Geben Sie Ihre Daten nicht an Unberechtigte weiter.«

Aber beginnen sollte die Zähmung von Digital mit einer gut lesbaren, verständlichen Packungsbeilage, die allen digitalen Produkten beiliegen muss.

Eine offene digitale Gesellschaft Hatte ich schon erwähnt, dass ich für das Open Society Institute gearbeitet habe? Dieses wurde von dem Investor und Philanthropen George Soros gegründet und basiert auf den Ideen des Philosophen Karl Popper und seiner Theorie, dass Diktaturen da keine Chance haben, wo es offene Gesellschaften gibt. Das glaube ich auch.

Poppers Theorie der offenen Gesellschaft bezog sich auf die Erfahrungen mit totalitären Regimen, aber einiges scheint mir anwendbar auf die digitale Gesellschaft. Die digitale Gesellschaft muss offen sein und darf nicht von ein paar Firmen, Staaten oder Regionen mit deren eigenen, mehr oder weniger totalitären Standards kontrolliert werden.

Die großen digitalen Technologie-Konzerne entwickeln geschlossene Systeme und sie wollen ihre eigenen Standards weltweit durchsetzen, so wie Microsoft und Apple, und jetzt auch Facebook. Sie sind nicht an offenen Systemen interessiert, sondern nur an Offenheit innerhalb der Welt, die sie beherrschen.

Ein Beispiel. Facebook ist ein geschlossenes System. Um von den Dienstleistungen zu profitieren, muss man Mitglied sein. Nur Mitglieder können miteinander kommunizieren. Nun hat Facebook mit über 1,35 Milliarden Nutzern (Stand Herbst 2014) eine Größe erreicht, die praktisch einem globalen Standard entspricht. Will ich da sein, wo meine Freunde sind, muss ich bei Facebook sein. Andere soziale Netzwerke bedienen Nischen, und wenn sie wie Pinterest oder WhatsApp eine kritische Masse erreichen, werden sie aufgekauft und in den Facebook-Standard eingereiht. So wird Facebook zu einem weltweiten Standard mit systemischer Relevanz. Als in den USA vor kurzem der Facebook-Server für ein paar Stunden ausfiel, sollen Menschen die zentrale Notrufnummer 115 angerufen haben. Was jetzt noch eine bizarre Einzelreaktion ist, kann aber bald Realität sein, zum Beispiel, wenn Finanzdienstleistungen über den Facebook-Standard abgewickelt werden.

Eine offene digitale Gesellschaft muss gewährleisten, dass man die Welt der sozialen Medien über verschiedene Anbieter betreten und über diese mit anderen Anbietern in Kontakt sein kann, um Inhalte und Daten sicher auszutauschen. So kann ich bei Google+ oder Diaspora angemeldet sein, aber dort auch Freunde von Facebook und Path aufnehmen können. So wie ich den Telekommunikations-Markt über einen Anbieter wie Vodafone betreten kann, dort aber gleichzeitig problemlos mit Leuten kommuniziere, die bei anderen Anbietern angemeldet sind. Es muss möglich sein, seinen Anbieter zu wechseln, dazu seine Nutzerdaten zu transferieren und diese damit automatisch beim alten Anbieter zu löschen.

Ich kann mich noch an die Zeit erinnern, als es nicht so einfach war, beispielsweise als Vodafone-Kunde mit einem Belgacom-Kunden oder mit jemandem zu telefonieren, der seinen Vertrag bei der Deutschen Telekom abgeschlossen hatte und dies dann zusätzliche Kosten mit sich brachte. Die EU-Rahmenrichtlinien haben den Telekommunikations-Markt europaweit geöffnet, Wettbewerb geschaffen und einheitliche Standards durchgesetzt, die für alle gelten. Heute können wir uns nicht mehr vorstellen, dass wir nur als Kunde der Deutschen Telekom frei mobil telefonieren können. Ich kann einfach von einem Anbieter zum anderen wechseln, kann meine Telefonnummer und meine Kontakte mitnehmen. Es gibt Wettbewerb zwischen den

Telekom-Anbietern: Wer hat den besten Service und den besten Preis?

Der Konsument kann sich informieren und entscheiden, welches Angebot am besten zu seinen Bedürfnissen passt. Und sicher wird in naher Zukunft auch die Frage der Datensicherheit darüber mitentscheiden, welchen Anbieter ein Kunde wählt.

Gerade weil Daten einen Wert darstellen, müssen Leute eine Möglichkeit haben, die Anbieter innerhalb eines Systems zu wechseln. So wie bei der Bank, auf der ich mein Geld abheben und damit zu einer anderen Bank gehen kann, wenn mir danach ist. Dann würden digitale Firmen nur temporär über die Nutzerdaten verfügen und müssten so sorgfältig damit umgehen, dass man nicht zur Konkurrenz wechselt. Gleichzeitig würde es neuen Anbietern ermöglichen, in den Markt zu kommen. Bei einem Bankenwechsel fängt man ja auch nicht immer wieder mit einem Nullkonto an.

Auch Staaten sollten sich für eine offene digitale Gesellschaft einsetzen, auch wenn nach den Snowden-Enthüllungen nationale Abschottung ein nicht unnatürlicher Reflex ist. Aber nationale digitale Gesellschaften sind noch lange keine Garantie gegen digitale Überwachung und Vermarktung, in den meisten Ländern dieser Erde ganz im Gegenteil.

Wir brauchen eine offene digitale Gesellschaft, die eine Vielzahl von Anbietern hat und in der Standards von der Gesellschaft vorgegeben werden und nicht von Privatunternehmen. Auch in der digitalen Welt ist eine offene Gesellschaft die beste Garantie gegen Totalitarismus.

Technologie demokratietauglich machen Irgendwie hatte man das Gefühl, Demokratie und Digital sind natürliche Partner, sie gehören zusammen. Wenn alle Menschen nur Zugang zu allen Informationen haben, eigene Meinungen unzensiert publizieren können und mit allen Menschen dieser Welt in Kontakt sein können, muss doch fast automatisch Demokratie dabei herauskommen. Der Arabische Twitter-Frühling schien der Beweis zu sein, und die Piraten waren kurz davor, die Volkspartei der Digitale zu werden. Die Zeichen standen gut für die weltweite digitale Demokratie.

Aber Digital ist nicht per se eine Demokratisierungsmaschine, sondern Mittel zur Durchsetzung machtpolitischer Interessen, sagt Leonard Novy.[24] Denn der Staat hat auch die digitalen Mittel in der Hand, um die Entscheidungen von Bürgern zu beeinflussen. Und dies auf sehr hohem Niveau. Das gilt gerade für autoritäre Regime. Auch sie können jetzt viel zielgerichteter, intelligenter und weniger offensichtlich die Entscheidungen ihrer Bürger beeinflussen. In Russland heißen die neuen Arbeiter an der Propaganda-Front auch schon passend p o l i t i c a l   t e c h n o -
l o g i s t s .

Neulich sagte Klaus Töpfer, der ehemalige Umweltminister und ehemalige Chef des UNO-Umweltprogramms, in einem anderen Kontext einen interessanten Satz, der hier aber sehr gut passt: »Jede Technologie muss auf Demokratietauglichkeit geprüft werden – damit Alternativen möglich bleiben.«

Manchmal hat man den Eindruck, dass es umgekehrt ist, nämlich, dass die Demokratie von NSA, Google & Co. gerade auf Technologietauglichkeit geprüft wird. Ausgang offen.

Nebenbei hat Digital sich auch zwischen die Demokratien in Europa und den USA geschoben, während sich die Autokraten in China und Russland ins Fäustchen lachen.

Es ist Mode geworden, den Untergang des demokratischen Zeitalters zu betrauern. Ich glaube, dass die Demokratie mit das Beste ist, was Menschen bisher geschaffen haben.

Ich habe in einer Nicht-Demokratie gelebt, die Menschen versucht hat gleichzuschalten. Dahin will ich nicht zurück, auch mit einem iPhone nicht.

Unsere Staaten und Regierungen sind unvollkommen, unsere Demokratie muss sich täglich bewähren. Es gibt keine absolute Wahrheit, es gibt keine perfekte Gesellschaft. Wir leben im Imperfekt, welchen wir Menschen ständig zu verbessern versuchen. Der ergebnisoffene Diskurs auf Grundlage bestehender Normen und Grundwerte ist die Basis einer offenen Gesellschaft. Nur so lassen sich einvernehmliche oder zumindest gesellschaftskonforme und von der Mehrheit getragene Lösungsansätze für aktuelle Probleme finden. Die Idee, einen perfekten Staat zu schaffen, der durch Algorithmen in einem ständigen Equilibrium gehalten wird, ist nicht vereinbar mit einer offenen Gesellschaft.

Demokratisch von Menschen gewählte Regierungen sind allemal besser als von Datenverarbeitungssystemen kontrollierte Staaten, auch wenn sie noch so billig und effizient sein mögen.

Wir wollen nicht von Maschinen regiert, in Filterblasen verbannt und algorithmisch rumgeschubst werden.

Werte wie Demokratie, Selbstbestimmung und Freiheit sind wichtiger als eine effiziente und automatisierte Gesellschaft.

Auch wenn Demokratie elendig schwierig ist, sie ist immer noch die verlässlichste Form des Zusammenlebens.

Statt uns auf eine Diskussion einzulassen, ob die Demokratie für die digitale Zukunft noch adäquat ist, sollten wir uns darauf konzentrieren, wie digitale Technologie unsere Demokratie stärker macht. Das schließt den Schutz vor den negativen Seiten von Digital ein, aber auch neue Formen der demokratischen Teilhabe, der Initiative des Einzelnen, des bürgerlichen Engagements insgesamt. Letzteres versuchen Programmierer, Wissenschaftler und vereinzelt Politiker seit ein paar Jahren unter dem Schlagwort »Liquid Democracy«, nämlich Digital demokratienützlich zu machen. Sie probieren aus, wie man mit Wikipedia-Methoden dezentral an Gesetzesentwürfen arbeiten und wie Digital zu einer besseren Öffentlichkeit für politische Meinungsbildung genutzt werden kann. Auch wenn dies den Piraten im ersten Anlauf nicht so gut gelungen ist, sollten wir genau beobachten, was sich hier tut. Denn ganz unabhängig von Digital und Analog braucht unsere Demokratie die Einmischung junger Menschen, und dies werden sie nicht nur auf den eingetretenen Pfaden ihrer Eltern tun. Das wissen wir spätestens seit den Grünen.

No Logo Im Jahr 2000 gab es einen Big Bang. Es war nicht der befürchtete Bang durch 2YK, sondern die Veröffentlichung des Buches »No Logo«[25] der damals 30-jährigen Aktivistin und Globalisierungskritikerin Naomi Klein. »No Logo« wurde zu einem der einflussreichsten Sachbücher der letzten Zeit, gerade weil es mehr als ein Buch war, nämlich die Aufforderung, sich einzumischen. Manche bezeichnen es als Bibel der Antiglobalisierung. In jedem Fall hat es den sich damals entwickelnden globalisierungskritischen Bewegungen Argumente, Thesen und eine Stimme gegeben. Naomi Klein schildert in ihrem Buch die Globalisierung von Marken, die Entwicklung von produzierenden Herstellerfirmen hin zu reinen Logo-Vermarktungsunternehmen und die damit einhergehende Verlagerung von Arbeitsplätzen in s w e a t s h o p s , was sich frei mit Ausbeuterbetrieb übersetzen lässt.

Wie schon erwähnt, arbeitete ich damals für eine dieser Firmen, die anderen Firmen dabei halfen, genau diese globalen Marken und Logos zu bauen, und ich weiß, dass der Big Bang ankam. Nike bestellte damals eine Weißwaschkampagne, nachdem sich ein Kunde seinen personalisierten Nike-Trainer mit dem Wort s w e a t s h o p besticken ließ und die darauffolgende E-Mail-Korrespondenz veröffentlichte. Der Kunde war ein Student mit dem Namen Jonah Peretti, der später die Huffington Post mitgründete und danach seinen eigenen Medienkanal Buzzfeed hochzog. Zurück zu Logo. Laut Brockhaus umfasst Werbung in seiner weiten Definition alle Maßnahmen zur Absatzförderung und kann in dieser Form bis zu den Marktschreiern und Steintafeln der Antike zurückverfolgt werden. Aber so richtig in Fahrt kam Werbung erst mit der Erfindung des Buchdrucks, mit Werbeblättern und Tageszeitungen. Mit der Erfindung des Fernsehens fing dann das goldene Zeitalter der Werbung an, eine riesige »Mad-Men«-Industrie entstand. Für 2018 wird der weltweite Umsatz mit Werbung auf ordentliche 2 Billionen geschätzt, in Deutschland sind es satte 120 Milliarden Dollar im Jahr.

Werbung hat schon immer die jeweils neuesten Medien zum Verkauf von Produkten genutzt und dabei ganz nebenbei die Produktion und Verbreitung der eigentlichen Inhalte dieser Medien querfinanziert.

Fernseh-, Radio- und Zeitungswerbung sind uns vertraut, die meisten sind damit aufgewachsen. Wir glauben, dass wir das Spiel verstehen und selbstbestimmt mitspielen können. Wer, wie ich, schon mal in der Werbebranche gearbeitet hat, weiß, wieweit wir in vielen unserer Entscheidungen von Markenprofis fremdbestimmt sind. Mit Digital ist nun eine ganz neue Dimension der Manipulation und Fremdbestimmung durch Marken und Staaten möglich.

Die Medieninhalte von Zeitungen und Fernsehsendungen werden von Werbung nur kofinanziert, digitale Inhalte wie Search und Facebook hingegen fast vollständig.

Die Dienstleistungsangebote von Google sind kostenlos, weil wir über Werbung und mit unseren Daten dafür bezahlen. Das ist das Geschäftsmodell, mit dem Google zu einer der wertvollsten Firmen der Welt geworden ist. Wir können im Internet suchen,

E-Mails verschicken, uns mit Maps in der Welt zurechtfinden und Filmchen auf YouTube ansehen, alles kostenlos, weil wir uns widerspruchslos der damit einhergehenden Werbung ergeben, die genau auf unsere »Internetaktivitäten« abgestimmt ist. Das ist der Deal: kostenlose digitale Dienstleistungen gegen Manipulation. »Wenn ein online-Service kostenlos ist, bist du nicht der Kunde. Du bist das Produkt.«[26] Der Satz ist nicht von mir oder irgendwelchen wilden Antidigitalisten, sondern von Apple-Chef Tim Cook h i m s e l f .

Kostenlos ist nicht gleich umsonst, manchmal kann es auch das Gegenteil sein.

Also was tun? Das Produkt muss sich wehren, wieder Kunde werden und ein anderes Geschäftsmodell einfordern.

Wer digitale Leistungen nutzen will, dafür aber nicht mit seinen Daten und durch Werbung bezahlen will, soll die Option

Der neue

haben, ganz traditionell mit Geld zu bezahlen.

digitale Deal könnte dann ganz alt und bewährt der sein: Du gibst mir ein Produkt, ich gebe dir Geld dafür und wir sind quitt.

Was Analog ganz einfach Einkaufen heißt, wird bei Digital in p a y w a l l übersetzt – Ware nur gegen Cash. Die p a y w a l l beim Versenden von Briefen sind Briefmarken, beim Suchen von Informationen ist es die (staatlich subventionierte) Bibliotheksgebühr.

So würde neben dem Nutzen auch der Wert digitaler Dienstleistungen wieder sichtbar und ein sorgsamerer Umgang damit wahrscheinlich. Denn wenn man für Search und Tweets bezahlen muss, wird man sich genauer überlegen, wie viele Tweets man sich leisten will und kann.

Global tun Digital ist global. Es hält sich nicht an nationale Grenzen, es ist grenzenlos. Und das ist eine seiner tollsten Eigenschaften. Auch deshalb lieben wir Digital. Digital ist ein globales Wundermittel.

Gerade das Internet hat sich von Beginn an global entwickelt, in einer interessanten Balance zwischen Anarchie und technischer Standardsetzung, die organisch mit dem Internet mitgewachsen ist. Das globale Internet wird von einer Reihe von NGOs administriert, die kaum jemand kennt, die aber im Hintergrund permanent technische Standards für das Internet setzen und überwachen. So koordiniert ICANN (Internet Corporation for Assigned Names and Numbers) das globale System für Domain-Namen und IETF (Internet Engineering Task Force) entwickelt die globalen technischen Standards, damit Software und Hardware über das Internet miteinander reibungslos funktionieren können. Dies sind keine interstaatlichen Organisationen, sondern eher lösungsorientierte technische Task-Forces. Und diese schaffen Fakten durch technische Lösungen. In der Regel funktioniert internationale Zusammenarbeit anders. Diese Organisationen haben sich geschickt staatlicher Machtkontrolle entzogen und es hat in wundersamer Weise irgendwie funktioniert. Bisher.

Digitale Firmen können einfach global agieren und tun dies auch. Die nationalen Regeln zu Datensicherheit, Verbraucherinformation, Steuerpflicht, Arbeitsrecht etc. greifen bei Digital nur unzureichend und immer weniger, weil es kein ausreichendes globales Regelwerk gibt.

Wo es hinführen kann, wenn global operierende Systeme nicht mehr von nationalen Regeln und Gesetzen in den Griff zu bekommen sind, konnten wir gerade bei der letzten globalen Finanzkrise erleben. Was als geplatzte Immobilienblase in den USA anfing, wuchs sich durch die inzwischen vollkommen globalisierte Finanzindustrie zu einer globalen Superkrise aus, der man nie wirklich durch nationale Maßnahmen Herr werden konnte. Private Banken haben eine Katastrophe herbeigeführt und der Staat und dessen Aktionäre (wir) mussten als Retter in letzter Instanz einspringen. Fast überall auf der Welt wurden Rettungsschirme aus nationalen Steuergeldern aufgespannt, die nur das Schlimmste verhindert haben, und an deren Folgen wir immer noch leiden.

Immerhin wurde während der akuten Phase der Krise 2008 auch erkannt, dass wir einen global operierenden Finanzmarkt nur durch globale Zusammenarbeit zügeln und kontrollieren können. Die G-20, die Gruppe der 20 einflussreichsten Länder, schuf innerhalb kürzester Zeit eine globale Krisen-Task-Force. Leider ist nach der Krise und neuen Konflikten schon wieder die Luft aus der G-20 raus. Und am Ende haben wir die Lektion aus der Finanzkrise auch noch nicht wirklich gelernt. Es dominieren wieder nationale Egoismen.

Ein anderes Beispiel für globales Handeln ist der Kampf gegen den Klimawandel. Wir haben erkannt, dass wir hier nur zusammen etwas erreichen können. Auf den regelmäßig stattfindenden Weltklimagipfeln wird um völkerrechtlich verbindliche Regelungen gerungen, um den Klimaschutz weltweit durchzusetzen. Die Ergebnisse sind unbefriedigend, auch hier verhindern die Eigeninteressen der Mitgliedsstaaten viele der notwendigen Maßnahmen, aber immerhin, das Problem ist erkannt und wird auch von Ländern wie China oder den USA nicht mehr unterlaufen. Es tut sich was.

Auch die Geheimdienste haben von der globalen Natur von Digital profitiert. Das wissen wir von Edward Snowden. Sie nutzen den grenzenlosen Charakter des Internets für ihre globale Spähsucht und geben damit einen Vorwand für all die, denen die grenzenlose Natur von Digital sowieso nicht passt.

Ein Nebeneffekt des Snowden-Schocks ist die Tendenz zur Renationalisierung von Digital. Dies fing in China schon vor Snowden an, wo sich staatlich gelenkt ein ganz eigenes digitales Ökosystem entwickelt hat, das nationalen Regeln folgt, einschließlich völliger staatlicher Überwachung und Zensur. War das chinesische System vielleicht sogar das Vorbild für die NSA? Jedenfalls hat das chinesische System Schule gemacht, in Russland, der Türkei, im Iran.

Man braucht sich nur anzugucken, wer die Champions der digitalen Renationalisierung sind, um ernste Zweifel an dieser Alternative zu hegen. Trotzdem gibt es auch in Europa gutgemeinte Vorschläge, die jetzt digitale Souveränität fordern, mit eigenen Unterwasserkabeln, Europäischen Servern und Europäischen Clouds. Unabhängig davon, wie realistisch dies überhaupt wäre, ist digitaler Nationalismus keine progressive Lösung, sondern spielt denen in die Hände, die auch schon analog Nationalisten sind.

Nach der Wild–West–Globalisierung von Digital brauchen wir keine Renationalisierung, sondern ein funktionierendes System aus internationalem Recht, internationalen Standards und internationalem Wettbewerb. Wir brauchen ein Völkerrecht für

Digital, so wie es für die Nutzung der globalen Wasser- und Luftwege schon lange existiert.

Das Internet sollte darin als globales Gemeingut anerkannt und reguliert werden. Die Bewirtschaftung des digitalen Allgemeingutes muss im Interesse der Weltgemeinschaft erfolgen, und nicht von rein nationalen und privaten Interessen gesteuert werden.

Neben internationalem Recht müssen weiter globale Standards entwickelt werden, zum Beispiel zur Datensicherheit und zur Verschlüsselung von Daten. Hier kann man an das existierende System anknüpfen. Wir müssen also nicht alles neu erfinden, es gibt schon Blaupausen und Heere von Juristen und Technikern, die globale digitale Standards entwickeln können.

Prinzipiell aber muss in der digitalen Welt das gelten, was in der analogen Welt auch gilt, unsere Grundwerte und Grundregeln zum Zusammenleben müssen respektiert und geschützt werden. Daran haben wir Jahrtausende gearbeitet. Und in dieser Innovation steckt nicht nur Rechenleistung. Diese Grundwerte sind definiert, aber um ihnen in der digitalen Welt weiterhin Geltung zu verschaffen und das Recht auf Privatheit und Selbstbestimmung durchzusetzen, brauchen wir neue Instrumente. Wir laufen Gefahr, sie schleichend aufzugeben, weil wir die Auswirkungen von Digital nicht in den Griff bekommen.

Völkerrecht und globale Standards sind gut, globale Kontrolle und Durchsetzung sind besser. Wer sollte das machen? Brauchen wir eine Art Interpol für die Einhaltung globaler Datenschutzrechte und -Standards? Kann das die UN leisten? In der gegenwärtigen Form hab ich da meine Zweifel. Aber vielleicht kann man aus dem bisherigen System eine Art moderne digitale

UNO neuen Typus entwickeln. Die UNO könnte ein Upgrade gut gebrauchen.

Europa muss Digital zähmen und reiten lernen Die Protagonisten des digitalen Wilden Westens kommen aus Kalifornien und zunehmend aus China. Europa ist bisher ein passiver Konsument, der gerne ein bisschen meckert und sich dann aber doch gleich das neue Betriebssystem aus dem Silicon Valley runterlädt.

Meckern bringt nicht viel, wenn man selbst kein Player ist.

Damit Europas Meckern zu konstruktiven globalen Regeln und Standards, zur Zähmung des globalen Wilden Westens führen kann, brauchen wir auch eine eigene wahrnehmbare digitale Wirtschaft. Da reicht es nicht, nur Absatzmarkt für amerikanische und chinesische Firmen zu sein, obwohl man die Wirkungsmacht des europäischen Marktes mit einer halben Milliarde Menschen auch nicht unterschätzen sollte.

Amerikaner und Chinesen dominieren die digitale Welt. Nicht nur durch die NSA und den chinesischen Nachrichtendienst. Die größten digitalen Firmen heißen Google, Alibaba, Facebook, Apple, Baido, Tencent, Xiaomi. Das amerikanische Silicon Valley und das chinesische Perlflussdelta sind zu den Polen der digitalen Weltordnung geworden. Wir sollen und können das nicht unterlaufen indem wir uns abschotten, sondern wir müssen diesen Prozess, wie oben skizziert, im Sinne einer offenen digitalen Gesellschaft global mitregulieren.

Aber wir dürfen auch nicht ohnmächtig hinnehmen, dass die Industrien, die an der Zukunft bauen und dazu auch unsere Daten benutzen, alle außerhalb Europas sitzen. Wenn der Gaspreis steigt, reden wir gerne über dringende Maßnahmen zur Energiesicherheit, und das mit Recht. Die deutsche Energiewende ist in dieser Hinsicht auch ein Beitrag zur Energiesicherheit und macht uns ein Stück unabhängiger. Wenn wir mit unseren Daten zwar über immense Rohstoffe verfügen, diese aber woanders abgebaut werden, sollten wir erst recht über Sicherheit reden, Digitalsicherheit.

Dazu müssen wir in Europa ein Gegengewicht schaffen und eine eigene digitale Industrie unterstützen, die international mithalten kann, die aber gleichzeitig schon im Design die besten europäischen Standards integriert und trotzdem weltoffen ist.

Europa hat dies schon mal vorgemacht mit der Schaffung von Airbus, welche erfolgreich das amerikanische Monopol in der Luftfahrtindustrie gebrochen hat. Am Beispiel von Airbus kann man sich orientieren, nicht in der Art der Umsetzung, aber die Airbus-Vision taugt als Vorbild. Europa braucht eine moderne Industriepolitik für Digital. Es geht vorderhand nicht um die Entwicklung und Finanzierung eines europäischen Äquivalents zu Google oder Facebook, sondern darum, ein Klima zu schaffen, in dem viele digitale Start-ups, Forschungsinstitute und Weltverbesserer, deren Ideen und Produkte das Potenzial haben, die digitale Zukunft mitzugestalten, entstehen und die sich dabei europäischen Werten und strikten Standards unterordnen. Dazu braucht es eine Art Open-Source-Industriepolitik mit einem eigenen digitalen Venture Fund, der frische Ideen in ganz Europa fördert, mit öffentlichem Geld und eben dann auch mit dem öffentlichen Ziel, offene und sichere Standards durchzusetzen. Das wäre eine Politik des Standardsetzens durch innovative Industriepolitik. Und vielleicht entstünde so auch ein neues europäisches Social Network, das nicht nur eine Alternative zu Facebook wäre, sondern gleichzeitig ein funktionierender europäischer öffentlicher Raum. Dafür lohnt sich doch das Umsteigen aus Facebook. Und vielleicht kommt ja auch ein europäisches

Leute-Netzwerk heraus, ein Social Network von Europäern, das nicht nur eine Alternative zu Facebook ist, sondern gleichzeitig ein funktionierender europäischer öffentlicher Raum.

Wenn Europa es wirklich ernst meint, kann es auch eine Digitale Union gründen. Eine Union auszurufen heißt für Europa, zu sagen »Das ist für uns eine wichtige Sache, wir priorisieren das, schaffen gemeinsame Institutionen und stellen sicher, dass uns die Zukunft nicht um die Ohren fliegt«. Die Europäische Union hat ihren Ursprung in der Montan-Union, dann kam die Atom-Union, die Verteidigungs-Union scheiterte, aber die Währungs-Union und der Euro kamen. Nach der Finanzkrise haben wir die Banken-Union geschaffen. Nach der russischen Krim-Annexion arbeitet die EU an einer Energie-Union (endlich). Ich denke, eine Europäische Digital-Union würde gut in diese Reihe passen.

Beides, das Fordern globaler Regeln und Standards und die smarte Förderung einer eigenen europäischen digitalen Industrie, schließen sich nicht aus, sondern gehören zusammen.

Ohne europäische Förderung hat das globale Fordern wenig Gewicht. Nur durch beides können wir in Europa Digital reiten.

Eigene europäische Kapazitäten und Standards zu entwickeln meint nicht, dass Europa zu einer digitalen Festung werden soll. Im Gegenteil. Europa braucht diese, um global kompetent mitreden zu können und seine Wertvorstellungen mit Gewicht in ein globales digitales Gemeinwesen einbringen zu können.

Too Big to be Good »Wahr am Google-Märchen ist die gewaltige Macht an Kapital, Informationskonzentration und Deutungshoheit, die der Konzern in sich vereint und immer systemischer nutzt. Und richtig am Mythos der digitalen Hexe sind die Tendenzen zur personalen Selbstentmündigung in den digitalen Käfigen. Beide Entwicklungen sind reale Bedrohungen von Freiheit, Wettbewerb und Integrität.«[27]

Einen dramatischeren Einstieg in diesen Absatz hätte ich kaum wählen können. Aber diese Sätze sind nicht von mir. Der Autor heißt Alexander Dobrindt und ist derzeit Bundesminister für Verkehr und digitale Infrastruktur.

Stellen wir uns einfach mal vor, Google stünde vor dem Kollaps und müsste alle seine Services einstellen. Was würde dann geschehen? Wer würde den Rettungsschirm aufspannen und mit welchen Folgen?

In der digitalen Welt sind Monopole entstanden, die in der analogen Welt keine Entsprechung finden. Google hat weltweit eine Monopolstellung bei Internetsuche (in Deutschland gar 90 Prozent) und Kartendienstleistungen (Maps). YouTube, eine Google-Tochter, dominiert den Markt von Videoportalen, Googles Android ist das meistgenutzte Betriebssystem für Smartphones und Googles Internetbrowser Chrome der meistgenutzte Browser. Unter den 10 am meisten genutzten Webseiten in der Welt sind 2 Google-Webseiten (1 Google, 3 YouTube). Dadurch, dass Google die Daten seiner verschiedenen Plattformen verbindet, hat es eine Daten-Monopolstellung erreicht, die weitaus bedeutender ist als die Monopole der von Google beherrschten Dienstleistungen.

Übersetzen wir das mal in die analoge Welt. Volkswagen hätte dann zum Beispiel einen Anteil am Automarkt von 90 Prozent, alle anderen Anbieter müssten sich die restlichen 10 Prozent teilen. Da war ja der DDR-Automarkt besser aufgeteilt, immerhin hatten wir neben dem Marktführer Trabant auch noch Wartburg, Lada und Skoda. Oder stellen wir uns vor, RTL besäße 90 Prozent des hiesigen Fernsehmarkts, auch das wäre vergleichbar mit den Staatsmonopolen alter Prägung.

Eine solche Konzentration von Macht in privaten Händen ist aber weitaus gefährlicher als ein staatliches Post- oder Telekommunikationsmonopol, wie es das in der jüngeren Vergangenheit gegeben hat – wirtschaftlich und auch politisch. Das gilt insbesondere für die Konzentration von Datenmacht auf den Servern weniger. Wer die meisten Daten gesammelt hat, ist auch in einer exponierten Position, immer mehr Daten zu sammeln. Daten ziehen mehr Daten magisch an. Und wer die meisten Daten hat, hat im Daten-Monopoly gewonnen, da er diese Macht zur Eroberung immer neuer Wirtschaftszweige einsetzen kann, und so könnten die digitalen Monopolisten von heute ihren Einfluss auf andere Branchen ausdehnen und in Energie, Verkehr, Gesundheit, Bildung etc. investieren. Der Economist nennt das den »Netzwerk-Effekt« oder auch den »Matthäus-Effekt«, frei nach dem Bibelzitat: »Denn wer da hat, dem wird gegeben, dass er die Fülle habe; wer aber nicht hat, dem wird auch das genommen, was er hat.«[28]

Warum akzeptieren wir digital, was uns analog völlig unakzeptabel erscheinen würde? Warum tun wir uns mit der Regulierung von digitalen Monopolen so schwer?

Einerseits, weil der Markt noch relativ neu ist und deshalb noch darüber gestritten wird, wie man den Markt überhaupt definieren muss. Bis vor 20 Jahren gab es den Markt für Suchmaschinen nämlich noch gar nicht, heute ist er schon systemisch relevant. Gibt es überhaupt einen eigenen Suchmaschinen-Markt? Oder ist dieser nur Teil des Werbemarktes, durch den Suchmaschinen ihr Geld verdienen? Google sieht sich in diesem Fall ganz als Teil der analogen Werbewelt. Nach dieser Definition hat Google nur einen weltweiten Marktanteil von 10 Prozent und beherrscht 40 Prozent des Online-Werbemarktes. Aber müssen wir den Markt nicht als Datenmarkt definieren, zu dem jeder Anbieter Zugang haben sollte? Auf die weltweiten Daten hat nur eine Handvoll Tech-Firmen Zugriff. Damit sich die harmlose Google-Definition durchsetzt, investiert Google massiv in politisches Lobbying und hat hier jetzt sogar den Großbanken den ersten Platz als Number-One-Lobbyist in den USA abgelaufen. Geht es dem Großlobbyisten Google damit nur um die Sicherung seines eigenen Geschäftsmodells, oder setzt Google in Wirklichkeit seine Lobby-Milliarden zur Weltverbesserung ein, ganz nach seinem eigenen Firmenmotto »Don't be evil«? Wahrscheinlich würde Google sogar sagen, es geht um beides: Google muss den Markt beherrschen, damit es die Welt für uns alle verbessern oder vergoogeln kann.

Also was kann man tun, wenn sich ein einziger Anbieter als natürlicher Monopolist durchgesetzt hat. Man kann das Unternehmen zerschlagen oder ihm zumindest untersagen, andere Anbieter aufzukaufen. Dafür haben wir ein gut entwickeltes Kartellrecht, das eigentlich auch digital greifen sollte. Das Europäische Parlament hat schon mal den Ball ins Rollen gebracht mit einer Resolution, die fordert, das Suchmaschinengeschäft von anderen Unternehmensbereichen abzutrennen. Google wird in der Resolution nicht namentlich erwähnt, ist aber gemeint. Auch wenn die Resolution nicht bindend ist, setzt das Parlament ein Zeichen und die Europäische Kommission politisch unter Druck, entschiedener gegen Datenmonopole vorzugehen.

Eine drastischere Variante wäre die Vergemeinschaftung zu einer öffentlich-rechtlichen Suchmaschine, am besten gleich unter UN-Kontrolle.

Eine andere Variante wäre die Überführung von Google und Facebook in gemeinnützige Non-Profit-Strukturen, so wie bei Wikipedia.

Welche Option auch immer, Regierungen müssen jetzt digitale Monopole und insbesondere Datenmonopole brechen, solange sie es noch können. So wie die USA dies 1911 bei der Aufspaltung von Standard Oil vorgemacht hat, das damals den amerikanischen Erdölmarkt ähnlich beherrschte wie heute Google den Suchmaschinenmarkt. Oder bei der Aufspaltung der deutschen IG Farben

WER DIE
MEISTEN
DATEN
HAT, HAT
IM DATEN-
MONOPOLY
GEWONNEN.

1952. Die eingespielten Regeln für die Bewertung von analogen Monopolen müssen für digitale Monopole auch gelten und umgesetzt werden.

Wie man Monopole effektiv reguliert, kann man in Europa studieren, genauer gesagt in Toulouse. Dort lehrt und berät Jean Tirole, der Wirtschaftsnobelpreisträger des Jahres 2014. Seine vom Nobel-Komitee gewürdigte Arbeit bezieht sich auf die Regulierung von schwer zu fassenden Monopolen und Kartellen. Lassen wir Professor Tirole doch mal einen Vorschlag zur Regulierung von digitalen Monopolen machen, aus Europa mit globaler Wirkung.

Nur auf Wettbewerbsrecht zu vertrauen, wäre natürlich zu einfach. Aus den Erfahrungen mit Big Oil und Big Money wissen wir, dass es eines Zusammenspiels verschiedener Politikfelder bedarf. Die Anwendung des Kartellrechts, das Definieren technischer Standards, eine Harmonisierung des Steuerrechts, die Schaffung effektiver Aufsichtsbehörden etc. Es muss viel passieren, wenn sich Grundlegendes ändern soll. Aber wie sagte es der Werbeslogan des Standard-Oil-Nachfolgers ESSO so schön: »Es gibt viel zu tun. Packen wir's an.«

Smarte Steuern für die smarte Welt Dass die Kombination aus globalem Business und nationaler Regulierung nicht funktioniert, sieht man auch am Steuersystem, wo – wie alle anderen Global Player auch – Google, Apple, Amazon oder Facebook die nationalen Systeme ganz legal austricksen und damit massiv sparen. Die wertvollsten Firmen der Welt bezahlen prozentual die wenigsten Steuern. Sie haben clevere Steuer-Optimierungs-Algorithmen entwickelt, die keiner versteht. Über ein ausgeklügeltes System schaffen sie es, auf eine geschätzte Steuerrate von 7 Prozent zu kommen. Und ein Großteil der Umsätze wird gar nicht versteuert.[29] Hätte man die Gewinne zum Beispiel nach dem deutschen

Unternehmenssteuersatz versteuert, wären 30 Prozent davon bei den öffentlichen Kassen hängengeblieben. Geld, das dann zum Beispiel in die Infrastruktur oder das Bildungssystem gesteckt werden könnte.

Wieder gilt: warum lassen wir digital zu, was wir analog nicht durchgehen lassen würden? Wobei diese Aussage leider, ich gebe es zu, nicht ganz stimmt, auch und gerade innerhalb Europas nicht, wo einzelne Länder wie Irland, Luxemburg oder Großbritannien mit Firmen wie Amazon Steuerdeals zur Steuervermeidung ausgeheckt haben.

Die Forderung ist eindeutig: Die digitalen Giganten müssen fair besteuert werden, damit fehlendes Geld in die Steuerkassen fließt, aber auch um die Giganten zu bändigen, deren Produkte uns immer abhängiger, aber nicht glücklicher machen.

Ich weiß, dass das nicht leicht ist, da bei global operierenden digitalen Firmen nicht so klar zu bestimmen ist, wo genau die Wertschöpfung stattfindet. Da wo die Ideen entstehen, da wo die Server stehen, wo der Kunde Digital nutzt? Aber die Überwachung der halben Menschheit durch die NSA ist auch komplex, und trotzdem hat sich die NSA vorgenommen, es zu schaffen. Und auch die zielgenaue Bewerbung von Menschen in Nanosekundenschnelle ist komplex und Google schafft es.

Also müssen unsere Politiker und Steuerfahnder ein bisschen vom NSA- und Google-Geist und deren Fähigkeiten übernehmen und damit Steuergesetze schaffen, die die digitalen Steueroptimierungsalgorithmen

hacken. Die EU sollte hier voranschreiten.

Vor allem müsste sie in Europa einheitliche Steuerregeln durchsetzen. Es muss gelten: kein EU-Marktzugang ohne faire Besteuerung.

Zweitens, durch Digital werden mehr und mehr Tätigkeiten von Maschinen und Algorithmen übernommen, weil diese effizienter, weniger anfällig und billiger sind. Trotzdem wird menschliche Arbeit weiter hoch besteuert, während Maschinen dort arbeiten können, wo es am billigsten ist, demnächst vielleicht sogar auf künstlichen Inseln, die völlig steuerfrei sind.

Ob das heißen soll, dass man Maschinen höher besteuern soll als Menschen, sei mal hier in den Raum gestellt. Aber zumindest sollen Menschen nicht höher besteuert werden. Menschen können effizientere Maschinen schaffen, aber wir sollten uns nicht danach noch selbst aus unseren Jobs raus-versteuern.

Drittens könnte man ja mal darüber nachdenken, ob man Firmen nach der Quantität der von ihnen genutzten Daten besteuern sollte. Damit würde man Daten einen echten Wert geben, könnte Datenmonopolisten wirksamer an der Quelle ihrer Monopolstellung besteuern und würde Steuereinnahmen für den Ausbau von sozialen Gemeingütern erlösen. Wenn Daten besteuert würden, gäbe es auch einen Anreiz, mit diesen effizient umzugehen, also nur so viel zu nutzen wie nötig, und nicht so viel wie möglich. Privatfirmen haben es geschafft, aus unseren Daten riesige Gewinne zu machen. Da können Daten auch eine Ressource für die Finanzierung des Gemeinwohls sein.

Also, digitale Firmen müssen genauso viele Steuern bezahlen wie analoge Firmen. Und menschliche Arbeit soll nicht höher versteuert werden als Maschinenarbeit, sondern niedriger. Und durch die Besteuerung von Daten könnten wir gleich mehrere Fliegen mit einer Klappe schlagen.

Braucht man dazu einen Algorithmus, oder kann man das analog auf der Rückseite eines Bierdeckels ausrechnen? Ich vertraue hier der Bierdeckel-Fraktion.

Big Brother, nein Danke »Eine Informationsrevolution fegt durch die Welt, die so radikale Veränderungen erzwingt wie einst die Entwicklung der Atombombe. So wie die Kontrolle der industriellen Technologie einst der Schlüssel zu militärischer und ökonomischer Macht während der vergangenen zwei Jahrhunderte war, wird die Kontrolle der Informationstechnologie der Schlüssel zur Macht im 21. Jahrhundert. (…) Wir müssen unseren traditionellen Anspruch auf technische Aufklärung und Informationssicherheit ausrichten, wenn wir relevant bleiben und eine führende Rolle als offensive und defensive Komponente einer neuen nationalen Bemühung spielen wollen, die einem einzigen Ziel dient – der informationellen Vorherrschaft für Amerika.«[30] Das hat Kenneth Minihan, der damalige Chef der NSA, im Juni 1996 (!) gesagt. 1996 hatten die meisten Menschen noch keine E-Mail, es gab weder Google noch YouTube oder Facebook, aber der NSA-Chef wusste schon, dass Digital der Schlüssel für informationelle Vorherrschaft sein würde und dass die USA diesen Schlüssel nutzen würden. Seitdem ist das Budget der NSA auf über 10 Milliarden Dollar pro Jahr gestiegen. Das ist vergleichbar mit dem deutschen Bildungsetat oder dem Jahreshaushalt von Estland. Sicher spielten die Terroranschläge von 9/11 eine katalytische Rolle in der Bedeutung der NSA, aber der Plan war vorher schon da.

Ich gebe zu, mich haben die Snowden-Enthüllungen zuerst nicht sonderlich überrascht. Dass Spionage mit Digital raffinierter, effizienter und sauberer vonstatten gehen kann als mit James-Bond-Methoden, schien mir nur selbstverständlich. Und dass Nachrichtendienste zumindest dieselben Methoden des Data-Mining benutzen wie digitale Buchläden, schien mir auch ganz plausibel. Fast könnte man sagen, sie müssen dies tun, um unsere Steuergelder effizient zu nutzen. Allerdings hat mich, als ich mich intensiver damit beschäftigte, die schiere Spähsucht überrascht, die mich an die Stasi erinnert hat, sozusagen Stasi auf der Droge Digital. Laut Marcel Rosenbach, der ein spannendes Buch über den NSA-Komplex[31] geschrieben hat, hat die Arbeit der NSA und anderer Nachrichtendienste eine völlig neue Qualität erreicht, die in dem Anspruch mündet, das ganze Internet gehörig zu machen. Und dies schließt nicht nur das Abhören mit ein, sondern auch das aktive Manipulieren von Daten, um Realitäten zu verändern. Und das alles finanziert aus öffentlichen Geldern.

Und ja, die Informationen der NSA helfen Terroranschläge zu verhindern, so heißt es zumindest. Und ich glaub das auch. Aber zu dem Preis, dass wir alle abgehört werden und dass sich Strukturen herausbilden, die die wenigsten von uns noch verstehen, einschließlich unserer Abgeordneten. James Bond konnte man ja noch irgendwie folgen.

Wir wollen und brauchen keine Big Brothers, weder digital noch analog. Nicht überwacht werden zu dürfen muss ein Menschenrecht bleiben.

Mehr denn je ist es nötig, dass die Nachrichtendienste so kontrolliert werden, dass sie sich nicht verselbstständigen. Ein effektiver Weg dafür ist Budgetkontrolle. Die Budgets der Nachrichtendienste und deren digitaler Spähtrupps müssen rigoros hinterfragt werden. Denn in den letzten Jahren wurden gerade diese Abteilungen weltweit hochgerüstet. Was wir jetzt brauchen ist eine Abrüstung von NSA, GCHQ, BND, KGB & Co. Wir brauchen eine digitale und weltweite Abrüstungsinitiative. So wie damals bei den nuklearen Mittelstreckenwaffen.

Kontrolle und Abrüstungsinitiativen brauchen Abgeordnete, Staatsbedienstete und NGOs, die Digital, Algorithmen und Programmieren verstehen. Ohne dieses Know-how ist eine Kontrolle nicht möglich, und das gilt nicht nur für Nachrichtendienste. Die besten Nerds sollen nicht nur für Google und die NSA arbeiten, sondern auch fürs Parlament, für Ministerien und NGOs. Wir brauchen Hackers for Good.

Und was andere Länder angeht, müssen Exporte von digitaler Überwachungstechnologie in Diktaturen so kontrolliert und reguliert werden wie Waffenexporte. Denn Digital kann auch Waffe sein.

Und zum Schluss habe ich auch noch an good old James Bond gedacht. Was wird mit ihm passieren, wenn Algorithmen alles besser, einfacher, schneller und sicherer machen können? Man braucht den alten und neuen James nicht mehr, oder nur einen, der an Bildschirmen sitzt und Codes schreibt. Das werden aber langweilige Filme werden! Auch hier gilt: Analog ist das neue Bio.

Digitale Alternativen Wem die sich zusammenbrauende automatisierte Gesellschaft mit ihren Risiken und Nebenwirkungen schon jetzt unheimlich wird, sollte sich aktiv Alternativen anschauen. Es gibt analoge Alternativen. Es gibt aber auch digitale Alternativen, die persönliche Risiken und Nebenwirkungen minimieren und den digitalen Platzhirschen die Datenzufuhr erschweren. Dies sind Suchmaschinen wie Qwant und DuckDuckGo, die deine Suchdaten nicht speichern, E-Mail-Anbieter wie Posteo und Mailbox, die deine E-Mails standardmäßig verschlüsseln, soziale Netzwerke wie Path und Despora, die deine Daten nicht für Werbezwecke vermarkten.

Ein guter Hinweis darauf, ob eine digitale Dienstleistung dich als Kunde bedient oder umgekehrt, ist ihr Preis. Hat ein Service keinen Preis, muss er entweder, wie bei Wikipedia, über Spenden finanziert werden, oder du bezahlst mit deinen Daten, die heute für Werbung verwendet, aber morgen schon zur Automatisierung deines ganzen Lebens benutzt werden können.

Die Macht der Konsumenten sollte man nicht unterschätzen. Ebenso wenig die Macht des Einzelnen. Malcolm Gladwell hat dazu 2000 das außerordentlich interessante und sehr lesenswerte Buch »Tipping Point«[32] geschrieben, in dem er anhand von mehreren Fallbeispielen beschreibt, wie aus einzelnen, anfangs scheinbar aussichtslosen Aktionen Konsumtrends, soziale Bewegungen, gar soziale Epidemien werden.

Die Verschlüsselung von Daten scheint schon so ein Trend zu werden, der durch den Snowden-Schock angestoßen wurde und mittlerweile von immer mehr Nutzern vorangetrieben wird. Auf der Welle dieses Trends können Anbieter wie Tutanota aus Hannover oder die Open-Source-Software Pretty Good Privacy (PGP) eine Marktrelevanz erlangen und damit neue Standards setzen, denen dann auch die großen Player folgen müssen, entweder weil er von Regierungen verordnet wird, oder weil ihnen sonst die Kunden weglaufen. Facebooks Neuerwerbung WhatsApp hat das wohl schon erkannt und eine End-to-End-Verschlüsselung seiner Services versprochen.

Auch wenn Verschlüsselung ein guter Trend ist, löst er lange nicht alle Sicherheitsprobleme. Denn auch wenn der Text einer E-Mail 120-prozentig sicher verschlüsselt ist, sind es die Metadaten wie Sender, Empfänger und Betreff einer Nachricht nicht. Diese Metadaten sind zumindest so interessant wie der Text einer E-Mail, insbesondere wenn man sie mit Metadaten von anderen Plattformen verbindet, wie dies im Fall von WhatsApp und seinem Eigner Facebook der Fall ist. Trotzdem ist der Trend zur Verschlüsselung von Daten eine gute Sache, da Überwachung dadurch komplizierter und teurer wird, ohne dabei die Offenheit digitaler Kommunikation prinzipiell zu behindern.

Im Vergleich zu analogen Alternativen entwickeln sich die Optionen so schnell, dass es sich nicht lohnen würde, diese hier in Buchform aufzulisten. Man muss digital dranbleiben. Eine gute Online-Ressource, die regelmäßig aktualisiert wird, ist zum Beispiel »Security in a Box«[33] von Tactical Tech Cooperative, obwohl ich gleich offenlegen will, dass ich im ehrenamtlichen Beirat dieser NGO bin.

Sieben Tipps zu digitalen Alternativen

1
... **Wie kann ich vertrauliche Daten auf meinem Computer schützen?** Am besten durch Verschlüsselung von Daten mit spezieller Software wie TrueCrypt und anderen. Dazu muss man nicht alle Dokumente separat verschlüsseln, sondern in einem verschlüsselten Ordner.

2
... **Was sind sichere Passwörter?** Passwörter sollen so schwierig wie möglich von Computerprogrammen zu hacken und trotzdem für den Nutzer zu merken sein. Die sichersten Passwörter sind lang, komplex, praktisch, unpersönlich, geheim, einzigartig und sollten regelmäßig geändert werden. Spiele mit Groß- und Kleinschreibung, Buchstaben und Zahlen, verschiedene Sprachen im selben Passwort, Symbole, selbsterdachte Abkürzungen.

3
... **Wie kann ich vertrauliche Informationen vernichten?** Damit alte Daten tatsächlich vernichtet werden und nicht in falsche Hände kommen, sollte man spezielle Computerprogramme wie Eraser nutzen, die ähnlich wie analoge Aktenvernichter arbeiten und Dokumente unlesbar machen. Bevor alte Computer oder Smartphones entsorgt werden, sollten die Daten darauf vorher transferiert oder wie oben beschrieben vernichtet werden, einschließlich der darauf vorhandenen Applikationen.

4
... **Wie kann ich meine Internet-Kommunikation privat halten?** Völlige Sicherheit gibt es nicht, aber man kann einiges tun, um seine E-Mail- und Netzkommunikation sicherer zu machen. Mittlerweile gibt es Anbieter, die gegen eine monatliche Gebühr oder auch gebührenfrei verschlüsselte E-Mails als Standard anbieten.

5
... **Wie kann ich mich und meine Daten in digitalen sozialen Netzwerken schützen?** Digitale soziale Netzwerke sind nützlich, wenn man sie bewusst und verantwortlich nutzt. Letztendlich sollte man aber immer bedenken, dass sie von privaten Firmen gemanagt werden, die damit Geld verdienen wollen. Gebe im Nutzerprofil so wenig persönliche Informationen preis wie möglich. Nutze ein sicheres Passwort und ändere es regelmäßig. Lese die Privacy Settings durch und stelle sicher, dass du sie verstehst und weißt, wie man sie ändern kann. Wenn du Bahnhof verstehst, frage Freunde oder schreibe an den Anbieter. Vermeide die Nutzung von sozialen Medien

über öffentliche Computer oder Arbeitscomputer, die mehrere Nutzer haben. Sei vorsichtig mit der Integration von verschiedenen sozialen Medien wie Facebook, Twitter und Pinterest. Was auf der einen Seite anonym ist, kann auf einer anderen öffentlich sein. Nutze soziale Medien nicht als einen exklusiven Datenspeicher für Fotos und Artikel.

6 ... **Wie kann ich mein Smartphone so sicher wie möglich nutzen?** Moderne Smartphones beherbergen ähnlich wertvolle Dinge wie ein Portemonnaie. Mitunter sogar noch wertvollere: die Bankinformation fürs Onlinebanking, das Adressbuch, Familienfotos, Kalender, E-Mails, das Privacy Setting für soziale Netzwerke. Deshalb sollte man sein Smartphone zumindest so sorgfältig behandeln wie seine Brieftasche, aber eigentlich viel sorgfältiger. Verstehe die Nutzerbedingungen des Privacy Setting und frage den Netzanbieter nach Möglichkeiten der Verschlüsselung von Informationen. Wenn du dein Smartphone gegen ein neues tauschst, transferiere Informationen sicher oder vernichte sie.

7 ... **Wie kann ich mich vor Zugriff auf meine Daten durch Dritte schützen?** Wenn wir eine Webseite besuchen, gibt es Firmen, außer dem Besitzer der Webseite, die deine Daten sammeln, durch eingebaute Codes und Images in der Webseite und vor allem Cookies. Diese Firmen heißen third-party trackers. Es gibt Möglichkeiten, durch Add-Ons zu deinem Browser sowie durch Anonymitätsinstrumente wie TOR diese Firmen zu blocken.

Detaillierte Tipps und konkrete Empfehlungen auf http://securityinabox.org

Die Digital-Analoge Bewegung Ob beim Artenschutz, dem Klimawandel, den Menschenrechten oder beispielsweise bei der Lebensmittelsicherheit: Die Erfahrung zeigt, dass man sich bei großen Problemen nicht auf den Staat verlassen kann und sollte. Oft haben unsere Staaten die Probleme selbst geschaffen, sie nicht rechtzeitig erkannt und dann nicht entschieden genug oder sogar mit den falschen Mitteln behandelt.

Damit Probleme erkannt, in die Öffentlichkeit getragen und dort debattiert werden, braucht es die Zivilgesellschaft, die Regierungen und dem Kapital auf die Finger schauen, mahnen, schreien, Aufmerksamkeit erzeugen. Zivilgesellschaftlichen Organisationen wie Human Rights Watch, Amnesty International, Greenpeace und foodwatch haben wir es zu verdanken, dass Menschenrechtsverletzungen, Umweltzerstörung oder Lebensmittelskandale aufgedeckt, diskutiert und geahndet werden. Und dass in der Folge Gesetze gemacht werden, die zukünftige Verletzungen verhindern.

Das zivilgesellschaftliche Engagement rund um Digital und Analog ist noch jung. Es ist aber wichtig, um Digital fassbar zu machen, zu erklären, Alternativen aufzuzeigen, politisches Handeln zu beeinflussen, Transparenz zu schaffen, es geht darum, für ein besseres DigitalAnaloges-Leben Lobbyarbeit zu betreiben. Ein paar wichtige Vorreiter wie Privacy International und Electronic Frontier Foundation gibt es auch schon. Auch haben Organisationen wie Human Rights Watch den Kampf um die Menschenrechte im Internet als neue Herausforderung erkannt und kümmern sich darum, dass Menschenrechte online genauso gelten wie offline.

Aber weder die neuen Digital-NGOs, noch die etablierten haben momentan die notwendige Sichtbarkeit und Stärke, wie etwa Greenpeace in Umweltfragen. Und das liegt auch an uns, da wir ja diese NGOs unterstützen könnten, mit unserer Mitgliedschaft, Mitarbeit, durch unser Geld.

Es braucht eine kompetente und schlagfertige DigitalAnalog-Bewegung. Sie muss Hacker einschließen, Bauern, Hipster, Künstler und politische Aktivisten. Sie muss Skandale aufdecken und die Namen der Verantwortlichen nennen, Aufmerksamkeit und Dringlichkeit schaffen, Veränderungen vorschlagen und einfordern, smarte politische und auch subversive politische Kommunikation betreiben. Vorreiter müssen Mitstreiter anwerben und mit ihnen eine Netzwerk-Bewegung aufbauen.

Es muss keine Organisation wie Amnesty oder Greenpeace dabei herauskommen. Es ist eine Chance, eine Bewegung des 21. Jahrhunderts aufzubauen, eine Netzwerkorganisation neuen Typus'. Ein bisschen Amnesty, ein bisschen Wikipedia, ein bisschen Betterplace, ein bisschen Gezi-Park. Ein Hybrid von Analog und Digital.

Die Bewegung muss einen Marsch durch die Gesellschaft antreten. Sie muss Geschichten erzählen, Bilder schaffen und damit Medien mitreißen. Sie muss Wissenschaftlern und Thinktanks Aufgaben geben. Sie muss Gerichte mit strategischen Rechtsfällen beschäftigen. Sie muss analoge und digitale Alternativen aufzeigen und den so gewonnenen Einfluss aktiv für Veränderung nutzen.

Die Bewegung muss den Weg in die politischen Parteien finden. Oder eine neue politische Partei gründen.

Es wird weitere externe Ereignisse geben, wie Edward Snowden, Merkels Handy und der Aufkauf von WhatsApp, die die Bewegung nutzen wird, um die Debatte zuzuspitzen und konkrete Politikvorschläge umzusetzen.

Die Bewegung sollte auf die bestehenden gemeinnützigen Stiftungen zugehen. Denn bisher ist die Unterstützung aus dem philanthropischen Sektor eher mager.

Eine Stiftung für eine menschliche digitale Welt wäre eine lohnenswerte Initiative, vielleicht gleich ordentlich finanziert von Internet-Milliardären, die selbst besorgt sind darüber, wohin eine ungezähmte digitale Entwicklung führen kann und die noch ein bisschen von ihrem Weltverbesserungsidealismus in sich haben.

Analoge Alternativen 9

»Wählen und Alternativen zu haben ist der Kern der Freiheit.«
HANNAH ARENDT

Habt Ihr schon mal von Tina gehört? Nein, nicht Tina Turner, TINA steht für »There Is No Alternative«, oder ganz einfach und kürzer auf Deutsch »Alternativlos«. Tina wird immer dann genutzt, wenn die Richtung schon feststeht und man keine anderen Argumente und Lösungswege zulassen will. In der DDR waren der Sozialismus und die Mauer alternativlos. Wer Alternativen gedacht oder vielleicht sogar etwas dafür getan hat, konnte im Gefängnis landen. Nach dem Mauerfall war die kapitalistische Demokratie alternativlos, zumindest bis China mit seiner staatskapitalistischen Autokratie zur zweiten Weltmacht aufstieg. In jüngster Zeit haben wir immer öfter von TINA gehört. Der Einmarsch und das Bleiben in Afghanistan waren alternativlos, die Rettung der Banken und Banker nebst Boni waren alternativlos, die Eurorettung durch flächendeckendes Sparen, Kürzungen von Sozialausgaben, ausufernder Jugendarbeitslosigkeit in Südeuropa, steigender Armut etc. war alternativlos und bis vor kurzem war auch »Wetten, dass?« alternativlos.

Alternativen gibt es immer, man muss sie denken können und

Eine Welt voll von Tinas ist eine totalitäre Welt.

dürfen. Alternativen zu haben ist der Kern von Freiheit, sagte Hannah Arendt, die ultimative Gegenspielerin von Tina.

Wir wissen alle, dass es nicht einfach ist, gegen Tina anzukommen. Man muss Mut haben, selbst zu denken, sich eine eigene Meinung zu bilden, für diese einzustehen und sich nicht von der Ignoranz und den Schmähattacken des politischen, wirtschaftlichen und medialen Mainstreams kleinkriegen zu lassen. Gerade letzteres ist schwer. Man braucht Selbstbewusstsein, Stehvermögen, aber auch die Größe, seine Haltung zu revidieren, wenn sie sich als falsch erweist. Über Alternativen nachzudenken und diese auszuprobieren ist Bestandteil einer gerechten und funktionierenden menschlichen Gesellschaft.

Heute ist die Digitalisierung wieder so eine scheinbar alternativlose Sache.

Aber ist sie das? Kann sie es sein? Darf sie es sein? Natürlich nicht.

Es gibt Alternativen, sie sind einfacher als gedacht und die Gefahr, dass man dafür ins Gefängnis kommt, ist minimal. Es ist trotzdem ein Abenteuer. Und man kann ein bisschen dafür tun, dass wir nicht einfach geradeaus in die totale digitale Gesellschaft marschieren. Diese Alternativen sind Analog.

Wenn man auf einer starken Droge oder auf Antibiotikum ist, vermindert sich mit der Zeit die Wirkung. Man braucht immer mehr, eine immer stärkere Dosis. Bei Digital ist es genauso.

Analog ist eine Alternative zur harten Droge Digital. Ein organisches Substitut, ein Naturheilmittel könnte man auch sagen.

Man muss Digital nicht dauernd konsumieren, weniger ist möglich, und es lässt sich durch Analog ersetzen. Es gibt Puristen, die steigen ganz auf Analog um, aber die meisten entscheiden sich für eine Mischform aus Digital und Analog. So wie eben 2 Prozent der deutschen Bevölkerung ausschließlich Bio essen, aber drei Viertel eine Kombination aus konventionell produzierten und Bio-Nahrungsmitteln kaufen. Nur ein Viertel isst überhaupt kein Bio. Es ist vorstellbar, dass sich in Zukunft die Relationen zwischen Digital und Analog diesen Zahlen annähern.

Man ist nicht gezwungen, bei der ganzen Big-Data-Sache mitzumachen. »An der Freiheit des Einzelnen, auch an der Freiheit der Entsagung, entscheidet sich die moralische Qualität des Systems. Die Digitale Revolution darf den Einzelnen nicht zum Objekt eines Big-Data-Sozialismus degradieren.«[34] – um wieder den so überraschend revolutionären Alexander Dobrindt zu zitieren.

Muss man Analog erklären? Den Jüngeren unter uns vielleicht schon. Man nehme etwas, was man mit Digital macht, und überlegt sich, wie man es ohne Digital machen kann. Die Alternative kann dann traditionell Analog sein, oder etwas ganz Neues, was es so früher auch nicht Analog gab.

Wie kann man Digital ins Analoge übersetzen? Fangen wir mit Sprache an. Untersuchen wir die Begriffe der digitalen Gesellschaft und schauen wir, ob und wie sie analog funktionieren.

Googlen ist schwer zu übersetzen, aber Search, also Suche, funktioniert auch in Analog, oder besser Suchhilfe. Facebook ist ein Netzwerk von Freunden. Friends sind Freunde. Likes heißt »find ich gut«. Posten könnte auch »abschicken« heißen. Ebay ist ein Auktionshaus oder auch weniger mondän ein Flohmarkt. Amazon ist ein Waren- oder Versandhaus. Die Sharing Society meint, dass man Sachen teilt oder gemeinsam nutzt. Twitter? Könnte man als Flurfunk oder Gerüchteküche übersetzen. Spotify? Ein Kessel Buntes.

Man sieht, die meisten der benutzten Begriffe kommen aus der analogen Welt, die neu digital besetzt und vermarktet wurden. In Deutschland hat der jeweils verwendete Anglizismus auch noch einen extra Coolness-Faktor. **Ansonsten sind die digitalen Begriffe oft ganz analog und damit die analogen Begriffe eigentlich schon wieder ganz modern. Es kommt auf die Perspektive an.** Man kann ja auch analog posten, liken, searchen, twittern, sharen.

Analog muss sich seine coolen Begriffe zurückerobern.

Wenn es das meiste Digitale auch schon analog gibt, brauchen wir es denn dann eigentlich auch noch digital? Warum muss es für alles eine Digitalversion geben? Wozu braucht der Mensch eine Digitalversion von sich selbst? Oder andersherum, braucht die Digitalkopie zum Schluss noch die analoge Originalversion? Ich denke schon. Nicht bei allem, aber bei vielem. Und ich bin sehr dafür, dass wir beim analogen Menschen als »Grundeinstellung« bleiben.

Bei Analog geht es um Unabhängigkeit und Selbstbestimmung. Wenn wir abhängig sind von Dingen, die wir nicht verstehen, die aber immer mehr von dem bestimmen, was wir tun, dann können wir nicht mehr selbstbestimmt entscheiden.

Digital braucht für alles eine Software, ein Betriebssystem. Wenn die nicht funktioniert, geht nichts mehr. Man kann die nicht einfach selbst reparieren, wie man einen Knopf annäht oder einen Stuhl neu leimt. Oder ist das Hacken das neue Basteln? Maybe.

Spricht man über analog, wird man schnell in die Ecke der Nostalgiker gestellt, nicht unsympathische Typen, aber von gestern. Manufactum eben.

Manche sprechen sogar schon von Netzkonservativen, deren Verhalten sich in einer Mischung aus Vereinfachung, Selbstinszenierung, Misogynie und Ausschluss von Neugier manifestiert. Die zurück zum alten analogen Menschen wollen.[35]

Wirklich? Ein bisschen vorweggenommene Nostalgie mag ja dabei sein. Aber ist es schon Nostalgie, wenn man lieber mit Menschen redet als mit Maschinen, wenn man lieber selber Fehler macht, als fehlerlos von Algorithmen durchs Leben gelenkt zu werden? Wenn das so ist, bin ich auch gern Analog-Nostalgiker.

Mein Lebensziel war ja bisher auch nicht die totale Effizienz, oder eine immer effizientere Maschine zu werden. Oder hab ich da was falsch verstanden?

Es geht nicht um die Abschaffung von Digital, und zurück zu Analog, sondern um eine humane Gesellschaft, die digital und analog ist.

Analog ist begrenzt, rein physisch. Digital ist Masse, Unendlichkeit, Kopierbarkeit. Analog ist Begrenztheit, Endlichkeit, und begrenzte Kopierbarkeit. Siri ist Masse. Mensch ist begrenzt. Statt darin etwas Negatives zu sehen, sollten wir analoge Begrenztheit schätzen. Wenn etwas begrenzt ist, kann nicht jeder es haben, es hat Wert, man muss sorgsam damit umgehen. Analog hat den Wert der Begrenztheit. Begrenztheit ist die Basis von wahrem Luxus. Digital ist Zara und Analog ist Prada.

Ist Analog der Aufruf zur Konterrevolution? Nein. Oder vielleicht ein bisschen. Es ist der Aufruf, das menschliche Leben nicht wegzudigitalisieren. Analog ist der Aufruf, analoge Gemeinschaftsgüter wie Theater, Bibliotheken, Museen zu wertschätzen und zu schützen. Analog ist nicht passiver Ausstieg, sondern aktives Weiter- und Andersmachen. Denn die Welt ist mehr als Digital. Und ja, Analog kann man auch als subversiven Akt der Datenverweigerung verstehen.

Ich orientiere mich bewusst an der Bio-Bewegung. Das schließt auch die Erkenntnis mit ein, dass die Digitalisierung die vorherrschende Entwicklung ist und Analog zur Nische wird. So wie vor der Industrialisierung der Landwirtschaft auch alle Nahrungsmittel Bio waren.

Jetzt ist Bio Nische. Bio existiert parallel zur industriellen Nahrungsmittel-Massenproduktion, kann und will diese aber nicht völlig ersetzen. Bio wird aber immer wichtiger und beeinflusst mit seiner Ausbreitung und seinen Standards wieder den Lebensmittel-Mainstream. Eine kleine Konterrevolution mit Potenzial.

So könnte es auch bei der Analog-Bewegung sein, d.h. eine Bewegung, die mit immer mehr Bürgern den digitalen Mainstream so beeinflusst, dass Regeln und Verhaltensformen entstehen, die die digitale Welt nicht ignorieren kann. Und auch den Nachrichtendiensten können wir durch Analog das digitale Aushorchen erschweren.

Dazu hier ein paar Ideen zusammengetragen von A bis Z, zum Mitmachen, Nachmachen und Bessermachen:

A
....
Arbeiten I Neulich hatten wir auf der Arbeit einen Stromausfall, unser Server funktionierte nicht. Es war wie Hitzefrei in der Schule. Scheinbar konnte man nichts Sinnvolles tun, oder doch? Das Gegenteil war der Fall. Wir haben im Team ein Projekt be-

sprochen, das wir alle sehr wichtig fanden, aber zu dem wir im tagtäglichen digitalen Gefecht nicht gekommen sind. Wir haben aufgeräumt, viel Unwichtiges weggeschmissen und Wichtiges wiederentdeckt. Wir haben gemeinsam Mittag gegessen und geredet. Es wurde viel geschafft.

Schlage analoge Büro-Regeln vor. Keine Smartphones, Tablets oder Laptops in Meetings, außer wenn man einen Protokollanten braucht. Dasselbe während der Mittagspause, und hier braucht man mit Sicherheit kein Protokoll.

Schlage einen Analog-Friday vor, am Anfang einmal im Monat, dann vielleicht öfter. Was kann man alles an einem Tag im Büro ohne Internet und Smartphone machen? Man kann konzentriert Strategien und Memos schreiben, Kollegen und Kunden treffen, gute Team-Meetings machen, sich Experten einladen. Du wirst überrascht sein, was man an einem Tag analoger Konzentration schaffen kann. Vielleicht wird dein Chef dann selber ein Vorkämpfer für den Analog-Friday.

... **Arbeiten II** Redet man über Start-ups, geht man immer gleich davon aus, dass es etwas Digitales sein muss. Scheinbar gründet man heute keine neue Firma mehr, wenn sie nicht digital ist. Oder ist das nur der Hype?

Es ist Zeit für analoge Start-ups. So wie die ersten Biobauern Start-ups waren und später daraus lukratives Business wurde, kann dies auch auf Neo-Analog zutreffen.

Was sind analoge Geschäfte, die ein 21st-Century-Update gebrauchen können? Zum Beispiel Buchläden, die auch Bibliotheken, Kulturhäuser, Kaffees, Galerien, Public-Viewing-Arenas sind, oder eine *Zeilen*-Postkarten-Linie, oder Analog-Shops oder Analoger Tourismus. Oder ein Celebrity-Analog-Camp. Oder Garagen, wo alte Maschinen, Werkzeuge und andere Dinge wieder instandgesetzt werden. Letzteres kann man auch gut mit der Makers-Bewegung verbinden als eine Art Analog-Digital-Hybrid. Der Kreativität sind keine Grenzen gesetzt.

Wenn die ersten neo-analogen Start-ups erfolgreich sind und einen Markt generieren, werden sich bald Business Angels und Venture Capitalists melden. Und sie werden dir sagen, wie du mit ihrem Geld deine Idee u p s c a l e n kannst. Und das alles, während du in einer Berliner Fabriketage auf bunten Sofas zwischen analogen Spielen sitzt. So cool muss Analog-Start-up sein.

Habt ihr eine Idee? Sagt Bescheid. Ich bin schon dabei.

B

.... **Basteln** »Basteln« ist ein schönes deutsches Wort. »Basteln« hat es verdient, internationalisiert zu werden, wie »Let's bastel a bit«.

Kurz nach dem Mauerfall lernte ich ein paar Westberliner kennen, die neben ihrem Architekturstudium einen kleinen Laden in Kreuzberg führten, der Material für Architektur- und Kunststudenten anbot, welches es sonst nur so in Westdeutschland gab. Eine Art Bastelladen. Heute ist Modulor ein Bastelkaufhaus auf vier Etagen, wo man alles und mehr bekommt, um zu malen, kleben, Ideen physisch zu bauen. Einen 3D-Drucker gibt es auch schon. »The Bastler Paradise«.

Modulor ist eine Institution in Berlin und immer voll. Es ist ein Beispiel dafür, dass Menschen weiter ihre Hände benutzen wollen, dass analoges Selbstbauen geht, cool ist, Spaß macht.

Basteln ist cool.

C

.... **Cash** Die Reaktion meines Freundes Nuri auf den Snowden-Schock war scheinbar dramatisch; er ist fast vollkommen auf Cash umgestiegen, weil er seine Lebensgewohnheiten nicht tracken lassen will.

Cash garantiert Anonymität. Wer bar bezahlt hinterlässt keine Spuren. Cash ist vielleicht die letzte Möglichkeit, in der modernen

Konsumgesellschaft die Privatsphäre zu bewahren. Denn kaum ein Datensatz sagt so viel über unser Leben aus wie unsere Finanztransaktionen, nämlich was du isst, wo du isst, was du anziehst, was du in deiner Freizeit machst, wohin du reist und wie, ob du in einem Fitness-Club bist, ob du Alkohol trinkst und wie viel etc. Bankkarten sind reine Datenbagger.

Bargeld hat den Nachteil, dass es eine Schattenwirtschaft ermöglicht und es der organisierten Kriminalität die Geldwäsche leichter macht. Aber gibt es da nicht andere Methoden, um diesem Phänomen Herr zu werden? Hier sollte man sich die Frage der Verhältnismäßigkeit stellen.

Oder ganz andersherum, sollte man nicht mehr anonyme Intermediäre wie Cash schaffen, die sicherstellen, dass unsere Daten nicht individuell zurück verfolgbar sind, aber als Metadaten zur Verfügung stehen. Mein Freund Nuri hat da auch schon eine Idee.

Bis diese Idee ausgereift ist, hebt Nuri einmal in der Woche den geplanten Familienhaushalt ab, der dann für alles reichen muss. Kreditkarten und Maestro benutzt er nur bei ganz großen Einkäufen. Bonuskarten sind ein absolutes No-Go. Es geht. Und ein Nebeneffekt ist, dass er sich an sein Budget hält und über die Zeit Geld spart.

Ich selber war bisher ein Kartenjunkie, der fast nie Cash dabei hatte. Aber ich gewöhne mich langsam wieder an Cash. Und es muss ja auch nur eine Übergangslösung sein, bis persönliche Finanzdaten so verschlüsselt sind, dass sie nicht mehr ohne unser Wissen für andere lesbar sind. Zu letzterem, vereinbare mal ein Gespräch mit deiner Bank, und lass dir den Datenschutz der Bank genau erklären. Wenn mehr und mehr Menschen solche Fragen stellen und parallel auf Cash umstellen, wird dieser Trend in der Bank ernst genommen werden. Denn dann funktioniert der fleißige Datenbagger nicht mehr.

D

.... **Denken** Vor der Lösung kommt das Problem. Ein einfacher Satz, ein brillanter Tweet würde man heute sagen. Funktioniert in fast allen Lebenslagen. Probiere es aus.

Was bedeutet Denken in einer Zeit von Google Search, Wikipedia, YouTube und Siri? Die richtigen Fragen zu stellen.

Wir denken, formulieren Fragen, fragen Digital und bekommen sofort Antworten. Meist gibt es nicht die eine Antwort, also geht es weiter mit dem Fragen. Denken heute heißt, Fragen zu stellen.

Jede Frage an Digital generiert Daten über uns. Mit der Zeit kennt Digital unsere Fragen und unsere Antworten. Mit jeder neuen Frage werden wir mehr berechenbar. Irgendwann weiß Digital nicht nur die Antwort, sondern auch die Frage, bevor du sie gestellt hast. Dein Denken wird vermessen und von einem Algorithmus übernommen. Du kannst dich jetzt auf anderes konzentrieren. Aber auf was?

Fragen stellen und Antworten selber finden macht Spaß. Du brauchst es, um Mensch zu bleiben.

Denken statt Googlen. Leg deine smarten Dinger zur Seite und denke auch mal wieder analog. Überrasch dich selbst. Und höre auf damit, Digital mit all deinem Denken zu füttern.

Und vielleicht wird echte menschliche Denkarbeit dann auch wieder zu einem Qualitätssiegel. Man muss es sich bloß leisten können, einschließlich der Einzigartigkeit und seiner Unvollkommenheit.

E

... **Energie** Wir verschwenden noch viel zu viel Energie, vor allem fossile. Auch deshalb bekommen wir bisher unsere Treibhausgase nicht unter Kontrolle und der Klimawandel schreitet ungebremst voran. Nebenbei bleiben wir abhängig von korrupten Regimen, die uns ihr Öl und Gas verkaufen.

Wir müssen smarter mit unserer Energie umgehen. Und dafür gibt es zum Beispiel digitale Smart Meter, die deine persönlichen Daten verwenden, um den Energieverbrauch deiner Wohnung zu optimieren. Im Prinzip eine prima Sache.

Bevor du ein Smart Meter zum Management deines Energieverbrauches installierst, solltest du dir aber die Nutzungsbedingungen (AGB) genau durchlesen. Smart Meter optimieren nämlich den Energieverbrauch auf der Basis von Daten, die jede deiner Bewegungen aufzeichnen. Das Smart Meter wird dein Zuhause und die Bewohner besser kennen als jeder andere, außer die Betreiber des Smart Meters natürlich. Smart Meter sind vielleicht die effizientesten Datenbagger überhaupt.

Aber man kann auch analog das Klima retten. Bevor man überall smarte Thermostate einbaut, sollte man selbst nachdenken und fragen, ob vielleicht die Fenster richtig dicht sind oder ob all die vielen digitalen Dinger, die man so hat, dauernd aufgeladen und benutzt werden müssen. Ein bisschen kausales Denken kann hier sehr viel bringen. Sei einfach selber smart und reguliere deinen Energiehaushalt. Hol dir einen Energieberater ins Haus und lass dir von ihm eine Analyse erstellen und einen Plan, was du anders machen kannst, um Energie einzusparen. Auch das geht. Ich hab es gemacht und 40 Prozent Energie durch meinen analogen Smart Meter gespart.

… **Engagieren** Das einschneidendste politische Erlebnis war für mich persönlich die friedliche Revolution in der DDR, der Fall der Mauer, die deutsche Wiedervereinigung und die europäische Einheit. Ohne die Rolle von Leuten wie Gorbatschow, Reagan und Kohl zu minimieren, war das massenhafte Engagement mutiger Bürger in Polen, Ungarn und dann in der DDR die treibende Kraft dieser Revolution. Es war eine analoge Revolution.

Hätte die DDR 20 Jahre länger durchgehalten, wäre sie dann von einer digitalen Bürgerbewegung hinweggefegt worden?

Ich glaube nicht. Digital ist nur ein Instrument, so wie damals Fotokopierer oder Matrizen Instrumente zur Produktion von Flugblättern waren. Erst kommt das analoge Engagement und dann sucht man sich die geeignetsten Mittel zur Umsetzung. Digital kann eines davon sein. Es kann helfen, den Funken zu verbreiten, Mitstreiter zu finden. Aber es bleibt Mittel.

Politisches und zivilgesellschaftliches Engagement hatte immer etwas mit Anstrengung, persönlichem Einsatz, Schwierigkeiten, manchmal sogar Gefängnis zu tun. Heute entsteht der Eindruck, es geht einfach mit Klicken und Liken, mit einer Fingerbewegung. Nein, das reicht nicht. Es braucht weiter Hand, Fuß und Verstand, gerade wenn es um Freiheit geht.

Und Digital ist auch ein Mittel, das die Staatsmächtigen immer effektiver einsetzen. Fast würde ich sagen, dass Digital eher systemstabilisierend wirkt als umgekehrt. Und das nicht nur in China und Russland.

So wie im Großen, glaube ich auch im Kleinen, dass bürgerschaftliches Engagement vor allem erst mal eine analoge Sache ist, welche sich nach Bedarf auch digitaler Mittel bedienen kann. Da gibt es mit change.org, campact.de, betterplace.org u.a. auch sehr gute digitale Katalysatoren. Diese Bürger-Plattformen können nur nachhaltig erfolgreich sein, wenn sie traditionelle politische Aktivitäten einschließen.

Für echte soziale Veränderung sind vereinzelte Fingerbewegungen, Klicks, Tweets, Likes nicht genug. Couch-Engagement hat bisher noch keine echte Revolution gemacht.

Wenn du was tun willst, benutze mehr als einen Finger. Geh zu einer Demo. Schreib einen persönlichen Brief an deinen Abgeordneten oder an die Bundeskanzlerin. Du wirst dich wundern, wie ernst Briefe aus dem Wahlkreis genommen werden, gerade wenn es immer weniger echte Briefe gibt. Schreib einen Kommentar in der Zeitung oder einen Leserbrief. Geh zur Sprechstunde deines Abgeordneten. Oder trete einer guten alten NGO bei, trete einer Partei bei. Oder gründe eine Partei, vielleicht Die Analogen.

Ich beschäftige mich seit vielen Jahren mit bürgerlichem Engagement und ich bin mir sicher, dies sind allesamt viel wirksamere Wege des Engagements als Couch-Revolten.

Wenn du willst, engagier dich für Analog. Sei analog wo es geht. Rede mit Freunden, Kollegen und anderen über deine Entscheidungen für Analog und was es dir gebracht hat. Frag sie, was sie den ganzen Tag machen und was passieren würde, wenn sie manches davon analog oder gar nicht machen würden. Engagier dich und schaffe eine Öffentlichkeit zum Thema Analog.

F

... Ferien Machen Leute heute schon digitale Urlaube? Vielleicht noch nicht, aber bald. Mit virtuellen Realitätsgeräten wie der Facebook-Oculus-Maske kann man bald überall sein. Vielleicht wird es Virtual Holiday Places geben, wo man sich für eine Woche einchecken kann. Man spart den Flug, das Gepäck geht nicht verloren und die Strände sind immer so leer oder voll wie du willst. Und du bist natürlich der beste Surfer am Strand. Umweltfreundlich ist es auch noch.

Noch ist es nicht so weit. Aber geht ein Urlaub ohne Smartphones, Tablets, Computer, Facebook, Twitter, vielleicht sogar ohne Kreditkarten? Versuch's. Es geht und macht Spaß, sogar für Kinder. Mach deinen Urlaub zur Digital Detox. Mach Sachen, die man im Urlaub macht, Essen, Trinken, Schwimmen, Lesen, Spielen, Museen besuchen. Das geht alles wunderbar ohne Digital. Sogar Autofahren kann man mit analogen Landkarten. Und vielleicht braucht man manche digitalen Drogen nach dem Urlaub weniger oder gar nicht mehr. Mir ging es so.

DENKEN STATT GOOGLEN.

... **Fotos I** Von meinen Eltern habe ich ein Album mit Fotos aus meiner Kindheit. Seit es digitale Kameras, Facebook und Pinterest gibt, mach ich zwar dauernd Fotos, habe aber den Überblick verloren. Wenn meine Kinder älter sind, werde ich ihnen dann ein Album geben können? Ich weiß es nicht, obwohl ich sicher tausendmal mehr Fotos als meine Eltern gemacht habe.

Meine privaten Fotos sind verstreut auf verschiedenen Smartphones, Tablets, Servern und in Clouds. Auch wenn ich keine Nacktfotos mache, möchte ich nicht, dass meine digitalen Fotos auf anderer Leute Plattformen liegen, die nicht nur mir zugänglich sind.

Ich werde meine Fotos zurückerobern.

Lass deine Fotos nicht in fremden Datenbanken oder Wolken verschwinden, wo du sie vielleicht sogar selber wieder zurückkaufen musst. Sichte deine Fotos, kuratiere, suche die besten aus und drucke sie. Mach ein Album oder mehrere. Mach auch mal eine Ausstellung oder Bildergalerie bei dir zu Hause.

Während ich dies schreibe, habe ich angefangen, Familienfotos der letzten Jahre durchzusehen, ich hab sie ausgedruckt, schöne Rahmen bei Modulor gekauft und kuratiere jetzt unsere erste Familien-Foto-Galerie. Vielleicht gibt es dann bei uns wechselnde Ausstellungen, Berliner Graffiti, Dorset-Strände, Genfer Badestellen oder Piemontesische Weinberge, alles Dinge aus meinem digitalen Fotokatalog, die darauf warten, analogisiert zu werden.

... **Fotos II** Für Joseph Beuys war jeder Mensch ein Künstler. Ob er sich da schon die jetzige Obsession mit fotografischen Selbstporträts oder Selfies vorstellen konnte? Bei Beuys würde ich es nicht ausschließen. Aber bezweifeln würde ich, dass diese Lawine an Selfies unsere Welt künstlerisch reicher und schöner macht. Wir sind auf einer Selfie o v e r d o s e .

Was wollen wir mit unseren immer neueren Selfies sagen? Wie glücklich wir doch sind? Wen wir dauernd treffen? Wo wir überall hinkommen? Warum müssen wir das denn unseren Friends dauernd fotografisch beweisen? Weil sie vielleicht mehrheitlich doch keine echten Freunde sind?

Und während wir besessen darauf sind, jeden Moment zu einer Foto-Opportunity zu nutzen, konzentrieren wir uns mehr auf die Fotoaktion als auf den Moment. Im Zweifelsfall ist das Selfie mit Papst wichtiger als ein Gespräch mit ihm über Gott und die Welt. Und wenn man Obama treffen sollte, will man natürlich ein Selfie statt ihm erst mal seine Meinung über die zerstörerische Natur der NSA-Machenschaften zu sagen.

Wenn du meinst, du, deine Familie, deine Freunde und die Welt brauchen ein Selbstporträt von dir, male doch eins und poste es dann von mir aus auch. Solche analogen Selfies erfordern Kreativität, Handwerk und Zeit. Sie sind Unikate. Und sie wirken deflationär.

... **Freiheit** Ein toller Film ist »Easy Rider« von Dennis Hopper mit Peter Fonda und Jack Nickolson. Ein Roadmovie mit coolen Typen, Harleys, Hippies, Bauern, Kleinstadtkonservativen und einer Menge guter Musik. Ein Film über die Freiheit und Bedrohung von Freiheit. Am Ende des Films gewinnen die Gegner der Freiheit, aber nicht wirklich.

Digital verspricht scheinbar unbegrenzte Freiheit, schafft aber parallel die Möglichkeiten der systematischen Einschränkung von Freiheit. Analog verspricht Freiheit, die durch Menschlichkeit begrenzt ist. Analoge Freiheit kann antiautoritär, kann Anonymität, kann subversiv. Gegen den Markt, aber auch gegen den Staat, gerade in autoritären Regimen.

Analog ist das Roadmovie des digitalen Zeitalters.

... **Freunde** Es ist schön, wenn man viele gute Freunde hat. Im Durchschnitt haben Menschen 6 sehr gute Freunde, manche Psychologen meinen sogar, man kann nur 3 wirklich gute Freunde haben. Dies sind die Freunde, mit denen man ausgeht, Spaß hat, die beim Umziehen helfen, bei denen man sich ausweinen kann. Die sind wertvoll und auf die kommt es an. Die anderen 300+ Facebook-Freunde sind Bekannte, manche hast du gar nicht persönlich getroffen, manche sind dir gar nicht so wohlgesonnen.

Konzentriere dich auf deine Freunde, ruf sie an, chatte am Telefon, gehe mit ihnen aus, lad sie zu dir nach Hause ein. Schreibe einen Brief. Überleg dir ein echt individuelles Geschenk zum Geburtstag. Das bringt alles viel mehr als das ständige Checken und Updaten deiner Facebook-Seite.

G

.... **Gehen und Laufen** Zwei Drittel der Deutschen kommen nicht einmal auf 1 Stunde Bewegung am Tag. Dafür verbringt der Durchschnittsdeutsche 7 Stunden im Sitzen. Bei Jugendlichen sind es sogar bis zu 9 Stunden. Dank Digital brauchen wir uns immer weniger zu bewegen und tun dies auch. Digital macht alles schneller, aber physisch werden wir Menschen langsamer. Und vielleicht ist das ja auch beabsichtigt. .... **Je weniger wir unseren Körper bewegen müssen, umso weniger braucht man ihn. Eher ist er eine Last. Da wäre es doch gleich besser, man könnte körperlos in der digitalen Welt leben.**

Die, die ihren Körper lieben und ihn weiter benutzen wollen, sollten sich bewegen, sollten mehr gehen und laufen.

Lauf zur Arbeit, nimm die Treppe, steh an der Bar. Laufen hält dich fit für die analoge Welt.

H
... **Handeln** Ebay ist ein riesiger digitaler Flohmarkt. Du kannst alles finden. Eine tolle Sache. Trotzdem kaufe ich da nie ein. Mir fehlt die Verbindung von Suchen, etwas anderes finden, überrascht werden, Dinge anzufassen, auszuprobieren, mit den Händlern zu fachsimpeln, zu handeln und das gekaufte Stück gleich mit nach Hause zu nehmen. So wie beim analogen Markt.

Finde heraus, wo der nächste gute Flohmarkt ist und geh mal hin. Es funktioniert. Übrigens auch, wenn du was verkaufen willst. Bei den meisten Flohmärkten kannst du dir einen Tisch mieten und dein Zeug verkaufen. Es macht Spaß, besonders wenn das Wetter gut ist. Du musst nichts verschicken und möglicherweise zurücknehmen. Am Ende des Tages hast du Geld in der Tasche.

Warum nur Ebay, wenn es doch schon Flohmarkt gibt?

I
... **Ich** Was kann ich machen? Eine ganze Menge. Am Anfang sind es immer wenige, manchmal ist man allein.

Am Anfang sollte man sich seinen Lebensstil anschauen und entscheiden, was einem wirklich wichtig ist. Wie abhängig bin ich von Digital? Was würde passieren, wenn ich Digital abschalte. Geht das? Probiere es. Ist mein Leben schlechter dadurch geworden, oder besser? Was brauche ich überhaupt und welche analogen Alternativen gibt es, die mich weiterbringen?

Rede darüber mit Familie, Freunden und Kollegen. Stifte sie an zum Mitmachen. Mach Spaß daraus.

Fang beim ICH an. Dann kann man später auch sagen, dass man von Anfang an dabei war, nicht erst später, wenn es alle machen.

J
... **Jodeln** Kann man digital jodeln? Hoffentlich nicht. Jodeln ist Analog Nature. Probiere es mal, und lass dich von Loriots Jodel-

diplom inspirieren. Und bestimmt gibt es noch passendere analoge Dinge, die mit J anfangen.

K
... **Kaufen** Wie kaufen wir ein? Ich kaufe nicht ungern ein, aber doch meist kontrolliert. Kaufen ist etwas Haptisches für mich. Ich muss Dinge sehen, anfassen, ausprobieren. Ich kann auf Dinge warten und mich darauf freuen, aber vorher muss ich sie gesehen und angefasst haben.

Ich geh aber nicht gern in Kaufhäuser, weder analog noch digital, ich geh lieber in Spezialläden. Wenn ich eine Weile irgendwo gelebt habe, haben sich ein paar Läden meines Vertrauens herauskristallisiert.

Ist das altmodisch? Warum?

Warum lange online suchen und shoppen, wenn man um die Ecke gehen kann, etwas angucken, anfühlen, anprobieren kann? Versteh ich nicht. Vielleicht für Sachen wie Papier oder Putzmittel. Aber sonst.

Ich sehe einfach nicht, dass Onlineshopping einfacher, stressfreier ist. Vielleicht billiger, aber nur, wenn man den Verkauf seiner Daten nicht mit einrechnet.

Denn durch jedes Onlineshopping geben wir Daten preis, die dann zu einem persönlichen Konsum-Perpetuum-mobile zusammenaggregiert werden, das uns dauernd Konsumwünsche offenbart, als hätten wir diese selber gehabt. Der Sinn unseres Lebens ist nicht, immer besser manipulierbare Konsummaschinen zu werden. Konsum soll eine freie Entscheidung bleiben und nicht durch Datenaggregation vorbestimmt werden.

Wenn analoges Einkaufen von gestern ist, warum baut Apple seine eigenen Einkaufstempel und macht richtig Geld damit? Warum mieten die Luxus-Labels Geschäfte in den teuersten Straßen? Nur als Galerien?

Ich glaub nicht, dass analoges Einkaufen altmodisch ist. Es entspricht den Bedürfnissen der meisten Menschen. Es ist aber für den Verkäufer teurer, da er ja Einkaufsfläche mieten muss, die er online nicht braucht. Und mit jedem digitalen Einkauf verschenken wir Daten von uns, die der Verkäufer gewinnbringend verwerten oder an Dritte verkaufen kann. Also versucht Digital, uns umzuerziehen. Und bei immer mehr Leuten klappt es auch. Analog einkaufen ist das Original. Online kaufen ist second-best. Entscheide du, ob du im Einkaufen das Original oder second-best bist. Und jeder analoge Einkauf hält auch die Infrastruktur der Innenstädte lebendig.

... **Konzentrieren** Warst du in der letzten Zeit auf einem Konzert? Es ist ganz großes Kino. Vorne machen ein paar Leute Musik und dahinter filmen und fotografieren Hunderte/Tausende Leute die ganze Zeit. Wer hat sie geschickt? Für wen arbeiten sie? Werden sie bezahlt? Warum war kein Platz mehr für normales Publikum?

Die ganzen Filmer und Fotografen sind das Publikum und sie haben viel bezahlt für die Tickets. Sie filmen für sich, für ihre Freunde, für die digitale Welt, für uns alle. Nach jedem Konzert haben wir dann Hunderte/Tausende Filme und Fotos. Wozu? Damit sie eine digitale Kopie von dem analogen Konzert haben, bei dem sie kaum dabei waren, weil sie genau das filmen mussten, was die anderen Hunderte/Tausende im Saal auch gefilmt haben. Und guckt man sich die verwackelten Filmchen später noch mal an?

Chris Martin von Coldplay fand das auch verrückt und bat neulich bei einem Konzert in New York das Publikum, oder das Heer von YouTubern, ihre Smartphones wegzustecken und das nächste Lied nicht gleich hochzuladen. »Let this just be between us.« Die taten es, und konnten so zumindest einen Song live verfolgen.

ANALOG IST
DAS
ROADMOVIE
DES
DIGITALEN
ZEITALTERS.

Und vielleicht haben sie davon mitgenommen, dass in einem digitalen Markt des Überflusses ein einzigartiger Moment ein seltener Schatz ist, gerade weil er nicht kopierbar ist. Und dann wären wir bei der einfachen Schönheit von analogem Im-Moment-Leben.

Ein Smartphone-Verbot bei Konzerten jeder Art wäre ein Dienst am Publikum und wahrscheinlich auch am Künstler. Und es würde die Server dieser Welt von Millionen wackliger, fast identischer Filmchen befreien.

... **Kopf hoch** Der aufrechte Gang ist eine erstrebenswerte Sache, physisch und metaphysisch. Geht man mit aufrechtem Gang durch die Stadt, wird man feststellen, wie viele andere Menschen es nicht tun. Nicht, weil sie durch die Schwere des Lebens gebeugt sind und nun gebückt durchs Leben laufen müssen. Nein, sie schauen auf einen Bildschirm, der ihnen zeigt, wo es langgeht.

Kopf hoch. Laufe aufrecht durchs Leben, man sieht Menschen und Dinge, die es nicht auf dem Bildschirm gibt, weil sie gerade erst passieren, vor deinen Augen.

L ... **Lesen** ## Lesen wir noch oder scannen wir bloß?

Die täglichen Nachrichten werden dich über verschiedene Kanäle erreichen, meistens online. Ich bevorzuge noch die gedruckte Tageszeitung, aber so schnell, wie sich die Welt verändert, sind Online-News sicher der beste Kanal. Die Zeiten von gedruckten Tageszeiten sind vorbei und kommen nicht zurück.

Aber wer, außer Kanzlerin und Außenminister, muss minütlich über alles in der Welt informiert sein? Meine, deine Chancen, einer der beiden zu werden, sind wohl minimal. Falls es trotzdem passieren sollte, reicht mir bis dahin eigentlich noch der Tagestakt, und bei den meisten Informationen sogar der Wochentakt.

Ich rate zur Lektüre von menschlich kuratierten Wochen- und Monatszeitschriften, auch gedruckt. Für einen festen Preis bekommt man eine mit Geist zusammengestellte Sammlung von Text, Bild, Grafik. Es gibt sie auch über eine jährliche Flatrate frei ins Haus. Du bleibst im Bild, ohne in der Informationsflut unterzugehen. Und schön gemachte Druckprodukte bereiten visuelle und haptische Freude.

Und Bücher? Ich steh auf Bücher, ich steh auf analoge Bücher, finde aber für bestimmte Situationen E-Books okay.

Analoge Bücher können mit E-Books nicht über den Inhalt oder den Preis konkurrieren. Der Inhalt ist derselbe und E-Books sind billiger. Papierbücher als Gefäße von Text werden Objekte. Das einfache Paperback wird aussterben. Aber haptische Bücher zum Anfassen, Kunstobjekte gar, werden weiter einen Platz auf dem Lesemarkt behalten und vielleicht expandieren.

Und es braucht Bücher für Bibliotheken, ob zu Hause oder gemeinschaftliche. Schon allein zum Erhalt von Bibliotheken lohnt sich das weitere Lesen und Produzieren analoger Bücher.

Während ich das schreibe, lese ich, dass kleinere Buchläden seit ein paar Jahren wieder ein sanftes Umsatzplus verzeichnen können. Man kann Bücher sehen, darin blättern, kaufen, aber auch Bücher analog bestellen. Erklären wir es mal zum Trend. Und Amazon wird dann zum digitalen Katalog, den man nutzt, um sich in seiner Buchhandlung Bücher zu bestellen, die man dann dort bei einem Kaffee abholen kann, statt sie von Zustellern geliefert zu bekommen, wenn man natürlich gerade nicht da ist.

Einen dieser Buchläden gibt es auch bei mir um die Ecke. Ich lebe faktisch in einer Analog-Straße.

M
..... **Musik** Die Musikindustrie ist vielleicht die erste Branche, die durch Digital in die Krise gerutscht ist. Dabei ging es nicht um Musik. Die hören die Leute genau wie früher, vielleicht sogar mehr. Sondern es ging um die Art, wie wir sie kaufen, in welcher Form und Verpackung. Durch den Prozess, den wir als Musikliebhaber durchlaufen haben, kann man viel für andere Lebensbereiche lernen.

Von kuratierten Alben zu Einzelstücken. Wir wollen anscheinend nicht mehr ein ganzes Album hören, wenn uns nur zwei Songs gefallen. Für Hitproduzenten ist das okay, aber für Künstler mit konzeptionellem Anspruch ist es ein Problem.

Alben sind wie Solo-Ausstellungen, die vom Künstler selber zusammengestellt wurden. Dann gibt es die Einzelstücke, die man sich kauft und zu Hause in seine Musiksammlung einreiht. Und dann gibt es von Kuratoren zusammengestellte Mix-Alben, oft zu einem Thema. Das könnte man noch ausbauen, so wie Ausstellungen von vielen Künstlern, die von namhaften Kuratoren zusammengestellt werden.

Wie es euch gefällt. Ich geh ins Konzert und höre ganze CDs. Und ich höre meinem Freund Martin zu, wenn er die Ukulele spielt.

N
.... **Neues Denken** Bei Analog geht es nicht um reaktionäres Moralisieren, sondern um proaktives Neues Denken, das seine Wurzeln primär im Humanen und nicht im Technischen hat.

Analog heißt nicht gleich alt. Um über Alternativen zu Digital nachzudenken, muss man nicht nur in der vordigitalen Zeit suchen. Es wird auch innovativ Analoges geben, nennen wir es mal Neo-Analog oder Post-Digital.

Genau das hat neulich ein schwedisches Möbelhaus in einem witzigen Werbespot für seinen neuen Katalog demonstriert. Sie nannten es BookBook und es wurde genau so präsentiert wie ein digitales iProdukt. Auf einmal merkte man, dass die tollen digitalen Features von heute oft nur Kopien von analogen Dingen sind, die es schon ewig gibt, die gut sind und die funktionieren. Und beim BookBook braucht man keine Batterie laden oder neue Operating Systeme downloaden. Trotzdem ist es modern.

Ähnliches passierte in den 1990er-Jahren in der Rockwelt. Harte Rocker, die es gewohnt waren, riesige Stadien mit ohrenbetäubendem Elektrogitarrensound zu füllen, zogen die Stecker aus ihren Gitarren und spielten ihre Songs über Sex, Drugs und Revolution in kleinen Konzertsälen. Besonders beeindruckt war ich damals von den Grunge-Rockern von Nirvana und ihrem Auftritt bei MTV Unplugged in New York. Die harten Jungs sahen fast wie eine Selbsthilfegruppe aus, wie sie da im Kreis saßen. Und die Wirkung ihrer Songs hatte ohne Stecker nicht an Kraft verloren, für mich sogar gewonnen. Und man sah, dass hinter der normalen Kulisse aus Elektrosound und Rauch ein paar echte Handwerker steckten. Unplugged.

Denke neu. Nicht zurück zu Analog, sondern Analog voraus.

O
.... **Orte** Steine sind so ziemlich das undigitalste, was es gibt. Ich liebe Steine. Die Steine am Strand, die Steine in den Bergen, die Steine, die die Piazza in Siena ausmachen. Steine schaffen analoge Orte für Menschen. Digital versucht diese zu kopieren, auf Fotos, Filmchen, Spielen. Aber an Stein kommt Digital nicht ran.

Wenn alles überall digital zur Verfügung steht, werden Orte aus Steinen wieder besonders. Sie sind Unterkunft, Treffpunkt, Arbeitsplatz, Zufluchtsort, Ort der Geborgenheit.

Kaffeehäuser sind mit die wichtigsten Orte, die es gibt. Die Italiener wissen das. Seit ich in Turin gelebt habe, gehe ich vor der Arbeit in immer das gleiche Kaffeehaus meiner Wahl, trinke einen Kaffee, lese die Zeitung, rede mit den immer selben Leuten, die zu der Uhrzeit auch immer da sind, über das Wetter, Fußball und Politik. In Turin kam im Winter noch Skifahren dazu, in Brüssel immer der Regen und in Berlin Bauarbeiten und ein imaginärer Flughafen. Braucht man einen Handwerker, fragt man rum und meist findet sich einer, der einen kennt, der einen Handwerker als Cousin hat oder so. Das Kaffeehaus am Morgen ist Facebook, Google, Twitter, Ebay, alles zusammen, ganz analog. In England funktioniert dieses Prinzip als Pub mit Bier und Chips. In Deutschland soll es auch noch Kneipen geben.

Such dir ein Kaffeehaus oder eine Kneipe und mach es oder sie zu deinem täglichen analogen Zufluchtsort.

Buchläden sind auch solche Orte und nach einer Durststrecke kommen sie wieder zurück. Nicht nur als Läden zum Verkaufen von Büchern, sondern als Lesehallen, Buchgalerien, Begegnungsorte, Ausstellungsorte, Veranstaltungsorte. Es geht hier ums Erleben, nicht nur ums Kaufen. Buchläden sind viel mehr als Amazon.

Wenn Buchläden die analoge Entsprechung zu Amazon sind, kann man Bibliotheken als analoge Versionen von Spotify bezeichnen. Man kauft sich das Buch nicht, sondern mietet es. Dabei ist das Buch nicht in der Wolke, sondern im Holzregal. Statt Algorithmen helfen dir Bibliothekare beim Search.

Ich stell mir vor, dass Buchläden und Bibliotheken in Zukunft immer mehr zusammenwachsen. Es werden Tempel des Lesens, Debattierens und Netzwerkens sein, wo man Bücher kaufen oder mieten kann. Und Kaffee gibt es auch. Wer will mit mir so einen Laden aufmachen?

Ausstellungen brauchen das Originalwerk, das einzigartig ist und oft über Jahrhunderte weitergereicht wurde. Ausstellungen brauchen Räume, sind aber zeitlich begrenzt. Eine Ausstellung kann man nicht digital reproduzieren, man muss rumlaufen, das Licht auf dem Material sehen. Wie neulich die David-Bowie-Ausstellung im Martin-Gropius-Bau. Man unterhält sich darüber, erzählt Geschichten dazu, erinnert sich. Alles analog und gut.

Geh mal wieder in eine Ausstellung.

Orte sind so wichtig, aber auch physisch begrenzt, dass sie als Teil des öffentlichen Gemeingutes subventioniert werden müssten. Nicht nur Bibliotheken und Museen, sondern auch Buchläden, Kaffeehäuser, Kneipen.

P
....

Papier Die Hochzeiten von Papier sind definitiv vorbei. Papier ist zu langsam für unsere schnelle Datenwelt. Und Papier kann nicht mit der Informationsflut unserer Zeit mithalten. Stellen wir uns nur vor, wir würden alle Tweets, Posts und E-Mails auf Papier veröffentlichen. Soviele Bäume will man gar nicht pflanzen, geschweige denn fällen.

Da wir fast nichts mehr auf Papier ausdrucken müssen, können wir uns darauf konzentrieren, das Wichtige und Schöne auf richtig gutes Papier zu schreiben, zu malen, auszudrucken oder damit zu basteln. Briefe, Bücher, Karten, Papierflieger. Dinge auf Papier müssen sich nicht zwingend durch ihren Inhalt, aber durch ihre Form und Qualität differenzieren.

Ein ganz neues, altes Papierkunstwerk kann sich entwickeln, in der Papier viel mehr ist als das Transportmedium für Buchstaben.

Suche einen schönen Schreibwaren- oder Bastlerladen, fühle die verschiedenen Papiersorten und denke dir tolle Sachen aus, wie du dich und deine Freunde mit Papier überraschen kannst.

Q
....

Querdenken Hinterfragt man Digital, wird man meist gleich als Reaktionär, Spinner, hoffnungsloser Nostalgiker oder Querulant abgetan. Das ist zuweilen lästig, aber auch normal, wenn man aus dem Herdentrieb aussteigt. Und so fing es auch mit vielen erfolgreichen Bewegungen an, denken wir nur an die ersten Bio-Pioniere, die ersten Hippies und Hipsters.

Habe Mut, digital und analog querzudenken. Was heute Spinner-Nische ist, kann morgen schon der hippe Mainstream sein.

R
....

Reisen Für mich ist Reisefreiheit etwas fundamental Wichtiges. Ich reise viel, privat und beruflich. Privat buchen wir als Familie alles online. Wir machen keine Pauschalreisen. Nachdem wir entschieden haben, wo es hingeht, buchen wir Zug/Flug und Hotel im Internet.

Im Büro buchen wir alle Reisen über eine Reiseagentur. Das ist interessant. Also da, wo es auf Effizienz ankommt, arbeiten wir mit einer Agentur, die ja auch bezahlt werden muss. Da ist uns der Service einer Agentur die Zeit wert, die wir sparen, indem wir uns nicht alles selbst zusammenbuchen müssen.

Warum machen wir das nicht privat? Ich weiß gar nicht, ob man da überhaupt spart. Wir glauben, es geht schneller, wir vertrauen den Algorithmen, die die besten Verbindungen raussuchen, und Portalen wie TripAdvisor, die Hotels bewerten. Digital sind wir scheinbar besser als die Reiseagentur.

Ich bin mir nicht mehr so sicher. Warum diesen Service nicht wieder vom Reisebüro einkaufen? Warum sollen wir Algorithmen mehr vertrauen als menschlichen Experten auf ihrem Gebiet? Und sparen wir wirklich Zeit und Nerven? Und außerdem können wir bei der Buchung mit einem analogen Reisebüro jemanden verantwortlich machen, wenn es nicht funktioniert.

Nächstes Mal buche ich meinen Trip über ein Reisebüro.

Wenn ich noch eins finde.

Ein anderer Aspekt von Reisen ist die Routenplanung. Die Planung der Reiseroute war bisher Teil der Reise. Ich habe einen ganzen Schrank voll Landkarten, mehr oder weniger gut gebraucht. Heute haben wir GPS und Digital Maps. Man kommt

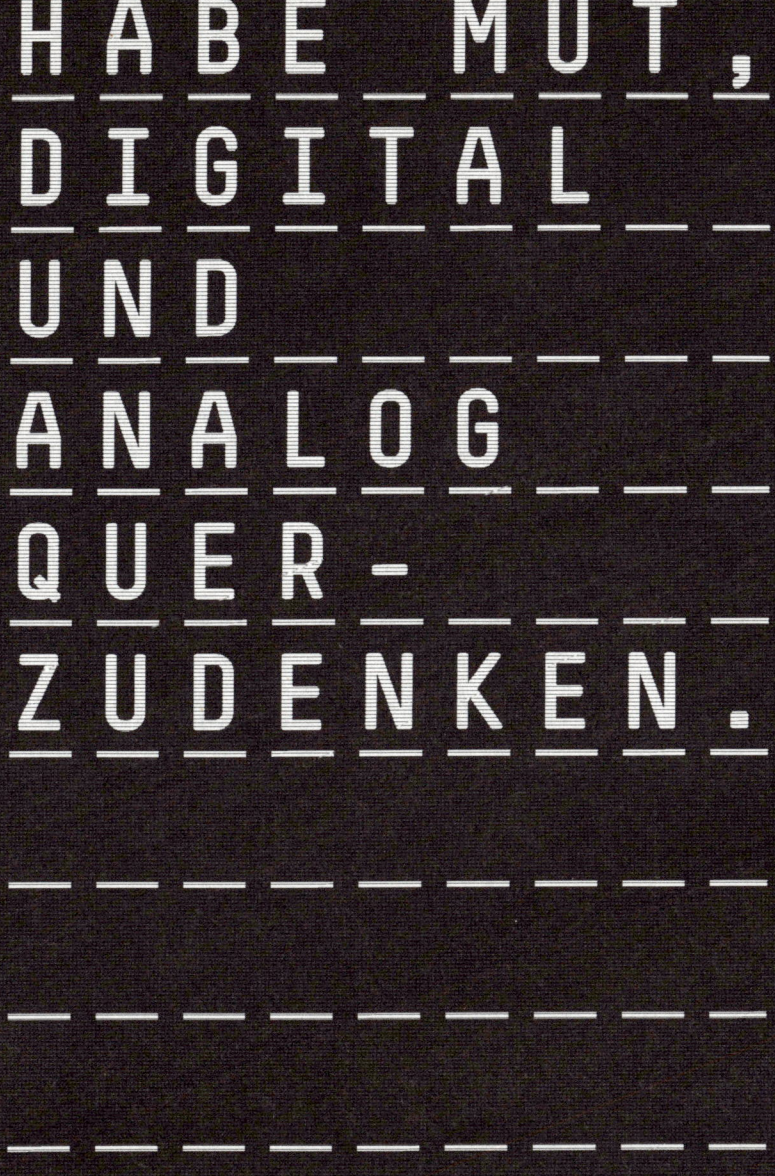

HABE MUT,
DIGITAL
UND
ANALOG
QUER-
ZUDENKEN.

damit sicher ans Ziel, ohne irgendwelche Orts- und Wegkenntnisse zu haben. Man fährt durch die Gegend und weiß meist gar nicht, wo man ist. Wenn man vom Weg abweicht, wird man solange bearbeitet, bis man wieder brav auf der Route ist.

Digital lenkt, Mensch führt aus. Die digitalen Routenplaner sind Vorboten von selbstfahrenden Autos. Und eigentlich sind diese ehrlicher, da Routenplanung, Lenken und Fahren aus einer Hand, sorry, einer Maschine, kommt.

Die Landkarte als analoges Gegenstück bietet einen Gesamtüberblick und ermöglicht den Aufbau von räumlichen Verhältnissen. Man muss Orte suchen, Distanzen einschätzen, Routenoptionen abwägen. Man weiß, ob es nach Norden oder Süden geht, ob es Berge gibt oder nicht, ob man an einem See vorbeikommt, an dem man eine Pause machen kann.

Das Wort Analog ist ja sehr eng verwandt mit dem Begriff Analogien.

Analoges Denken ist Denken in Verhältnissen, im Kontext. Und dies entspricht gesunder menschlicher Denkstruktur.

Fang deinen Urlaub mit einem analogen Routenplanen an. Mach es zu einem Spiel. Nimm bewusst eine andere Route als digitale Maps, wer weiß, was du dort findest.

S

... Sex Da kann ich mir nun wirklich nicht vorstellen, wie digitaler Sex besser sein soll als analoger. Aber ich gebe zu, da fehlt mir die eigene Expertise, hier bin ich noch voll Analogiker.

... Soziale Netzwerke Wenn man soziales Netzwerk hört, denkt man gleich an Facebook, Twitter, LinkedIn. Das ist wieder so eine Übernahme eines Begriffs durch Digital.

Soziale Netzwerke gibt es natürlich nicht erst seit Facebook! Sie sind so alt wie die Menschheit. Wir brauchen sie um zu leben, um uns zu entwickeln und um glücklich zu sein. Soziale Netzwerke machen uns aus. Wem sie fehlen, hat es schwer.

Sind die digitalen sozialen Netzwerke nur einfach eine digitale Version unserer jahrtausendealten Interaktion?

Was wir heute als soziale Netzwerke bezeichnen sind Instrumente zur Pflege und zum Ausbau von sozialen Netzwerken. Und sie sind nur ein Instrument unter vielen.

Digitale soziale Netzwerke ohne analoges Hinterland sind arm und nicht reißfest.

Man darf nicht das Ding mit dem Instrument verwechseln. Und man sollte nicht seine Beziehungen an Facebook outsourcen. Facebook und andere Netzwerk-Instrumente bekommen schon alle unsere und die Daten unserer Freunde. Wir müssen aufpassen, dass das Instrument nicht unser Netzwerk automatisiert. Dann wird automatisch gepostet, kommentiert, geliked, werden neue Freunde akquiriert. Irgendwann besteht dein Netzwerk aus Leuten, die dir Facebook zusammengestellt hat.

Die Alternativen zu digitalen Netzwerken sind uralt und bewährt. Man findet sich über Familie, Schule, Beruf, Hobby, trifft sich, geht zusammen aus, unterstützt sich, liebt sich, streitet sich, trennt sich. Eigentlich wie digitale Netzwerke, bloß in echt.

Ein Beispiel. Ich suche einen neuen Mitarbeiter. Eine Freundin ruft an und erzählt mir von einem Freund, der gut mit mir zusammenarbeiten könnte und den sie mir gerne vorstellen würde. 50 Facebook-Friends posten Nachrichten mit Links zu irgendwelchen Leuten. Ich würde zuerst dem analogen Netzwerk vertrauen. Sie?

... Spielen Die ersten digitalen Spiele waren noch aufregend, obwohl sie ziemlich primitive Übersetzungen der Wirklichkeit waren. Man staunte einfach, dass sich ein Punkt auf Knopfdruck bewegen konnte. Das sollte Tennis sein? Mit der Realität konnten die ersten Spiele nicht konkurrieren. So weit hat man damals auch nicht gedacht.

Heute schaffen die digitalen Spiele eine neue Realität, die mit der analogen Realität durchaus konkurriert und bei vielen Spielern besser abschneidet. Man kann fliegen, Rennautos fahren, Golf spielen, boxen, schießen, bauen, Bataillone in die Schlacht schicken oder Schafe füttern. Du kannst deine kleine Angestellten-Welt verlassen und fast alles sein, was du willst. Wünsch dir was, und du kannst es sein. Auch wenn du eigentlich gerade in der S-Bahn sitzt und zur Arbeit fährst.

Digitale Spieler sind Aussteiger auf Zeit. Durch die Kombination von virtueller Realität (VR) mit Google Glas oder Ähnlichem wird den meisten die analoge Welt nur noch wie eine graue Landschaft erscheinen, die man nur in Notfällen betritt. Den Großteil der Zeit wird man in seiner eigenen Spielwelt sein. Spiel und Leben fallen zusammen, es ist alles eine Frage von Mathematik und Rechenleistung.

Kann die analoge Welt des Spielens mit der fantastischen digitalen Spielwelt mithalten? Wahrscheinlich nicht. Denn hier geht es um mehr als Spielen.

Viele junge Leute werden sich kaum an analoge Spiele erinnern können. Aber es gab und gibt sie natürlich. Schach, Domino, Skat, Bridge, Strategy, Monopoly etc. Oder auch Fußball, Skifahren, Tennis oder von mir aus auch Rallyefahren. Man spielt zusammen mit Freunden und Familie statt alleine oder mit anonymen Typen irgendwo da draußen im Netz.

Organisier einen analogen Spieleabend mit Familie und Freunden und sieh, was passiert. Spiel mal wieder Fußball mit Freunden oder Kollegen im Park.

... Schreiben Neulich habe ich einen Brief an eine gute Freundin in Belgien geschrieben. Ich konnte nicht zu ihrer Hochzeit kommen und wollte ihr ein besonderes Geschenk machen. Das besondere Geschenk war ein echter Brief, geschrieben auf meiner alten Adler Schreibmaschine. Am Anfang war es schwer, ich konnte mich nicht mehr erinnern, was man in Briefen so schreibt. Mit der Zeit ging es besser. Ich schrieb darüber, was mich umtrieb, worüber ich mir Sorgen mache, welche neuen Ideen ich aushe-

Briefe schreiben

cke, was ich im nächsten Jahr plane. ....

ist irgendwie auch Selbsttherapie.

....Das hatte ich vergessen. Für meine belgische Freundin war mein Brief wie die Kirsche auf ihrer Hochzeitstorte (ihre Worte). Für mich war es eine Stunde Selbstreflektion.

Ein Blatt Papier, eine Schreibmaschine oder ein Stift sind Instrumente selbstbestimmten Schreibens. Man braucht keine Software, um loszulegen. Was geschrieben ist, ist da, ist echt, kann nicht gelöscht werden, außer man schmeißt es in den Papierkorb.

Schreib mal wieder einen Brief an einen Freund. Du wirst dich wundern. Schick zum Geburtstag einen echten, langen Brief statt einer kurzen Facebook-Nachricht oder einer E-Mail. Oder schreib einfach o u t o f t h e b l u e. Eine Facebook-Nachricht oder E-Mail kann im Datenmüll untergehen. Ein Brief bestimmt

Oder wann hast du das letzte Mal einen

nicht. ....

echten Brief im Briefkasten gefunden?

....

Wenn Briefe nicht dein Ding sind, schreib Postkarten mit

Wähle aus deinen

kurzen *Zeilen* und male was drauf. ....

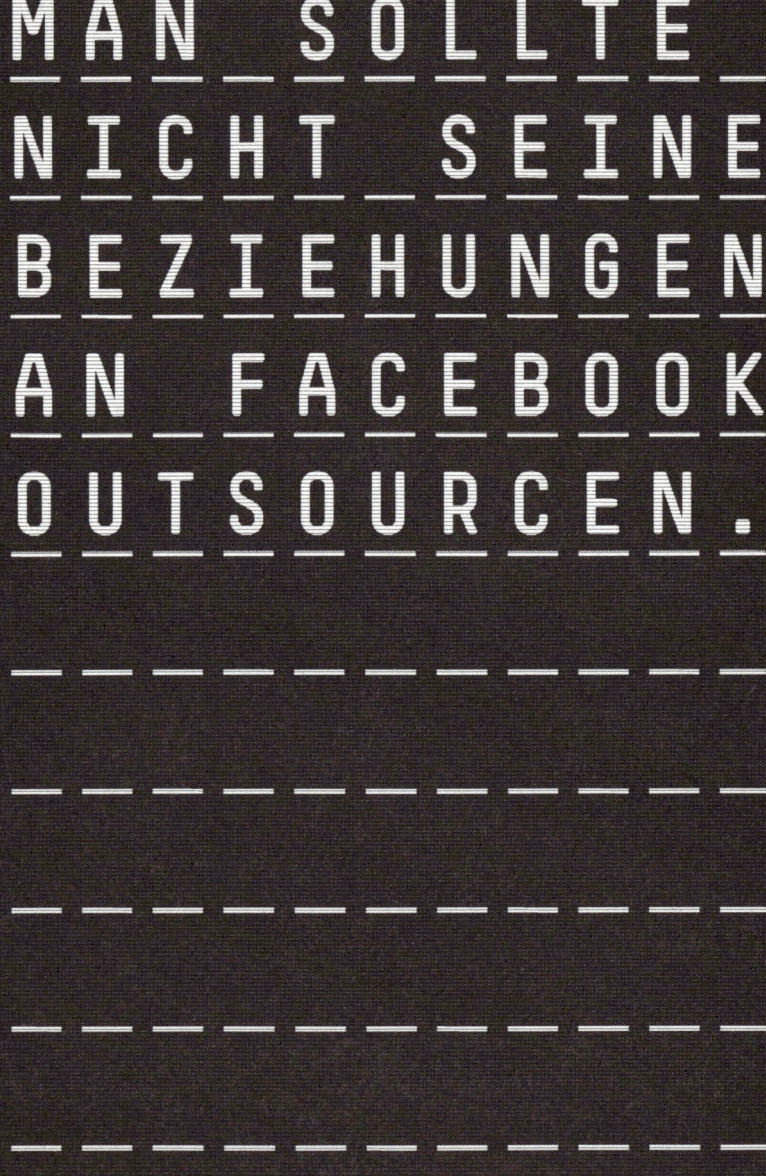

MAN SOLLTE NICHT SEINE BEZIEHUNGEN AN FACEBOOK OUTSOURCEN.

300+ Freunden aus, wer eine Briefmarke wert ist.

T
...

Tagträumen Statt dauernd auf Bildschirmen in virtuellen Welten nach Abenteuern zu suchen, versuch mal wieder mit Tagträumen analog in supervirtuellen Welten zu surfen. Man kann es überall und jederzeit haben, ohne Batterie, WiFi und Netz. Es ist entspannter und schult die eigene Kreativität. Tagträumen ist wichtig, wenn wir unsere mentalen Fähigkeiten entfalten und auf originelle Ideen kommen wollen.

...

Teilen Was seit Jahrtausenden von Menschen als wichtiger Bestandteil der menschlichen Gemeinschaft praktiziert wird, ist jetzt der letzte digitale Hype. Teilen ist cool. Aber nicht uneigennütziges Teilen unter Freunden, sondern eigennütziges Teilen unter allen. Was als tolle Idee gestartet ist, droht zu einem innovativen Instrument des Profitmachens zu werden. Sascha Lobo nennt diese Praxis auch schon Plattform-Kapitalismus. Wie sonst ist zu erklären, dass Firmen wie Airbnb und Uber, die das Sharing organisieren, innerhalb kürzester Zeit mehrere Milliarden wert sind und weiter wachsen.

Und im Zuge dieser Entwicklung wird wieder ein Wort des Analogen digital so neu besetzt, dass sich dessen Wert und Bedeutung völlig wandelt.

Wir dürfen nicht zulassen, dass Teilen ein neuer ökonomischer Machtbegriff wird.

Dazu sollten wir den gemeinnützigen Teil der Sharing Society durch weitere steuerliche Begünstigungen und durch modernere Formen der gemeinnützigen Organisation weiterentwickeln, digital und analog. Hierzu können wir den Enthusiasmus, die

Risikobereitschaft, die Kreativität der jungen Start-up-Szene gut gebrauchen. Für Teilen4Free, so wie es sein sollte.

U

.... **Unabhängigkeit** Digital macht abhängig, im Großen und im Kleinen. Und Abhängigkeit schafft Unselbstständigkeit.

Bei vielen Dingen wissen wir gar nicht mehr, wie sie ohne Digital funktionieren. Aber auch im Kleinen sind wir täglich davon abhängig, dass unsere vielen smarten Geräte mit Energie aus der Steckdose aufgeladen werden und dass die großen Server dieser Welt die Datenwolken am Schweben halten.

Analog macht unabhängig. Wir verstehen die Dinge, die wir tun. Wir begreifen viele der Geräte, die wir benutzen und können viele davon sogar selbst reparieren. Analog braucht nicht dauernd Steckdosen, Uploads und Passwörter.

Analog ist eine persönliche Unabhängigkeitserklärung.

V

.... **Vinyl** Bei Musik zeigt sich schon ein klarer Trend zu analog. Seit Jahren steigt der Absatz von Vinylplatten stetig, in den letzten Jahren sogar rasant. 2014 war ein Rekordjahr für Vinyl. In den USA stieg der Absatz schon mal gleich um 50 Prozent. In Deutschland gab es solch ein Plus schon 2013. Damit ist Vinyl bei den Wachstumsraten fast gleichauf mit den wolkenbasierten Streaming-Diensten.

Plattenläden sind die Delikatessenläden der Musikindustrie.
Man guckt, stöbert, wird beraten, zu jeder Platte gibt es eine Story. Das Musikerlebnis ist imperfekt perfekt, magischer Sound mit technischen Reibungen, die man hören kann. Dazu kommen die Verpackungskunst des Covers und der Prozess des Auflegens. Es geht nicht um Eile, es geht um das Zelebrieren des Erlebnisses.

Finde einen Plattenladen in der Nachbarschaft. Auch größere Musikgeschäfte haben Platten-Delikatess-Abteilungen. Reserviere mindestens eine Stunde. Der Rest wird sich ergeben. Wahrscheinlich staunst du, was es alles noch und wieder auf Vinyl gibt. Vielleicht siehst du eine Platte, die deine Eltern haben oder du selber noch hast und staunst über den Preis. Du hörst rein. Du quatschst mit dem netten Nerd an der Plattentheke. Du erkundigst dich nach Plattenspielern und wo man diese noch kaufen kann. Beim Gehen findest du im Geist schon einen Platz zu Hause für den neuen/alten Plattenspieler.

W
..... **Weltverbessern** Menschen sind super im Weltverbessern und es macht ihnen Spaß. Warum sollte man gerade dies Algorithmen überlassen? Weltverbessern hält uns fit, kreativ und stiftet Sinn.

Analog steht für bewusste Weltverbesserung und nicht nur für das rechnerische Eliminieren von Risikofaktoren, vor allem menschlicher.

Statt den Energieverbrauch nur weiter zu smartifizieren, können wir das Klima retten, indem wir auf erneuerbare Energie umsteigen. Statt alle Möglichkeiten für Kriminalität zu eliminieren, sollten wir die Gründe für Kriminalität und Terrorismus bekämpfen wie die zunehmende Ungleichheit in der Gesellschaft. Statt unsere Körper in digital überwachte Kraftwerke zu verwandeln, sollten wir vernünftige Gesundheitsfürsorge für alle organisieren.

Werde selber Weltverbesserer, statt dich nur von Digital verbessern zu lassen.

... **Wohnen** Unsere Häuser und Wohnungen sind schon digital hochgerüstet. Digitales Fernsehen, Radio, verschiedene Smartphones,

Tablets, Computer. Manche haben schon Smart Meters für ihren Energiehaushalt. Und das Internet der Dinge, das deinen Kühlschrank mit dem Supermarkt vernetzt, steht als nächstes an.

Wie viel Digital braucht ein glückliches Zuhause?

Mach dir deine analogen Regeln für zu Hause, zum Beispiel keine Smarten Dinger nach acht, kein Digital beim Essen, erkläre das Wohnzimmer zur digitalfreien Zone, kein Onlineshopping für Dinge, die es in der Nähe zu kaufen gibt.

Oder erklär das ganze Wochenende gleich zum Analog-Weekend.

... **Wolken** Stell dir vor, jemand zieht den Stecker und die Datenwolken sind nicht mehr zugänglich oder verschwinden ganz. Im Jahr 2000 standen wir schon mal gefühlt an diesem Abgrund und viele Menschen hatten ihre Keller vorsichtshalber mit Lebensmitteldosen gefüllt. Damals ging es nochmal gut.

Clouds sind wie diese Container-Storage-Places, wo man die ganzen Konsumgüter abladen kann, die man in der eigenen Wohnung nicht mehr unterkriegt. Statt mal aufzuräumen, bringen wir das Zeug zu diesen Containern und haben Zugriff »on demand«. Meist vergessen wir sie dann.

Sind Clouds da nicht ähnlich? Schaffen Clouds nicht erst die Möglichkeit, unseren Datenkonsum unendlich zu steigern, weil es fast billiger ist, Informationen aufzubewahren als zu entsorgen? Und sind wir dann von Wolken so umzingelt, dass wir vor lauter Wolken gar keinen Himmel mehr sehen können?

Wir sollten uns nicht auf die digitale Speicherung von Daten verlassen, zumindest nicht bei wichtigen Daten wie der eigenen Geburt, dem Tod, Grundbucheintragungen, dem Pass, bei Gesetzen oder Bankdaten. Wir müssen eine digitale Kultur der Datenverwahrung entwickeln, ähnlich wie wir es in der analogen Welt ganz selbstverständlich getan haben. Und wir brauchen auch

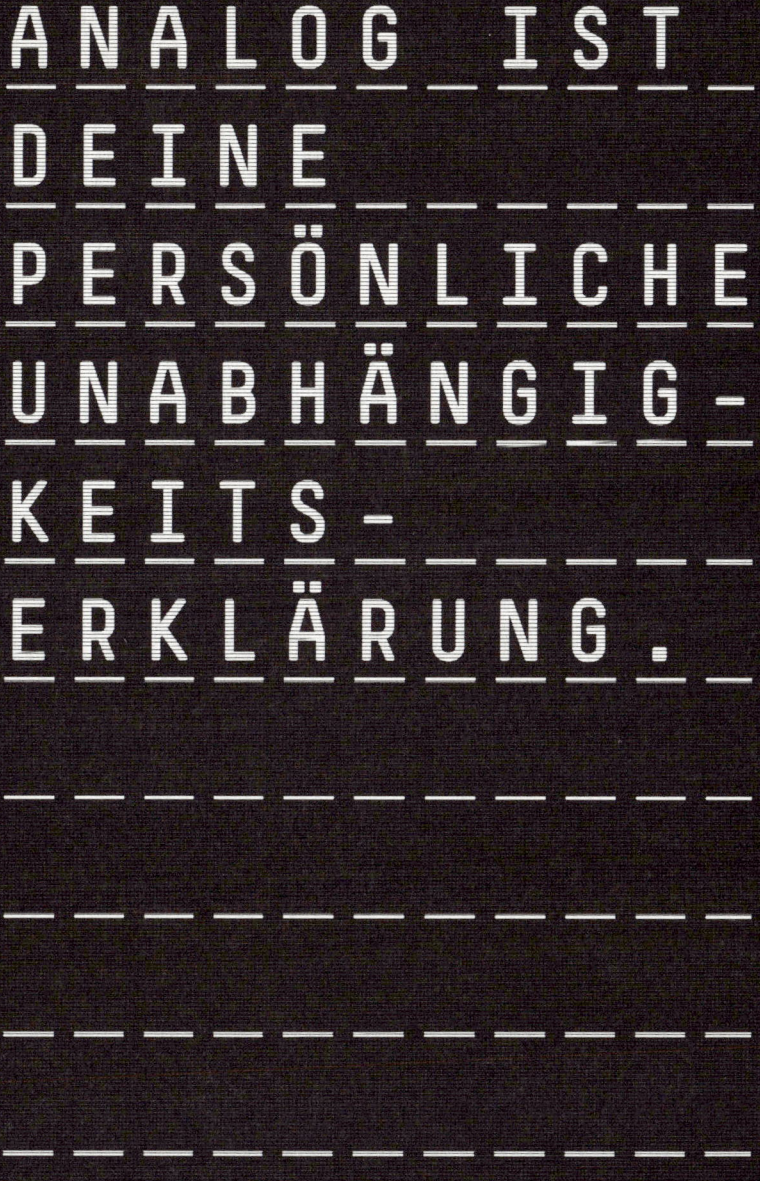

ANALOG IST
DEINE
PERSÖNLICHE
UNABHÄNGIG-
KEITS-
ERKLÄRUNG.

weiter ein analoges Datenspeichersystem für Daten, die too big to fail sind.

Ich habe noch ein analoges Archivsystem für wichtige Briefe, Zertifikate, Urkunden, Zeugnisse, Verträge und gedenke dies auch weiterzuführen. Für digitale Daten habe ich eine externe Harddisk, auf der ich wichtige Dokumente ablege. Es ist vielleicht nicht für alle Ewigkeit, aber sicherer als die Datenwolke kommt es mir schon vor.

Und wenn Daten das neue Geld sind, steck ich die erst recht nicht in eine Wolke. Ich werfe ja mein Geld auch nicht einfach in die Luft.

Leg dir einen Datentresor zu Hause an.

X

.... Bei X fiel mir der Spruch »Ein X für ein U vormachen« ein, der natürlich immer irgendwie passt. Deshalb wollte ich den nicht nehmen. Kann mir jemand ein gutes X für Analog geben?

Y

.... **Yoga** Yoga hilft immer, manchmal auch nur, wenn man gerade ein Y braucht.

Z

.... ***Zeilen*** Abermillionen Menschen bombardieren die digitale Welt jeden Tag mit Kurzinformationen aus ihrem Leben und ihrer Umwelt. Die Top Tweets kommen von Celebrities, die uns ihre täglichen Nichtigkeiten mitteilen. Sicher ist auch Gutes und Nachdenkenswertes dabei. Aber wer braucht all diese Kurznachrichten, außer den Datensammlern und -verwertern?

Man kann analog tweeten, aber eben nicht an die ganze Welt, sondern eins zu eins. Verschicke einfach ein paar *Zeilen* an jemanden, oder schicke ein Foto und schreib *Zeilen* darauf, oder schicke eine Zeichnung mit *Zeilen*. Dies sind Einzelstücke. Der Empfänger wurde ausgewählt und die *Zeilen* für ihn/sie zu einem bestimmten Zweck geschrieben. *Zeilen* zu schreiben und zu verschicken kostet Zeit und das Geld einer Briefmarke. *Zeilen* kann man sammeln. Es kann *Zeilen*-Ausstellungen geben, und Bücher. Es kann aber auch ganz privat bleiben.

epilog

Jetzt hat in meiner Straße genau neben der Videogalerie auch noch ein Plattenladen aufgemacht. Daneben gibt es schon einen Blumenladen. Dazu kam ein neuer Fleischer. Einen Bioladen gibt es schon. Ich wohne in der Analog-Allee, während die Silicon-Allee nur 150 Meter entfernt brummt.

Als ich in der Filmgalerie stand und das erste Mal über Analog, Digital, Snowden und Bio nachdachte, war es eher Spaß. Dann kam ein Artikel, Einladungen zu Konferenzen, die Buchidee. Im Prozess des Buchschreibens ist daraus mehr als Spaß geworden. Ich frag mich, ist es Zeit für eine neue Bewegung? Definitely maybe.

Vor der Bewegung kommt das Manifesto. Ich hab da mal einen Anfang gemacht. Es ist kein fertiges Manifesto, sondern ein Work-in-Progress. Ein Open-Source-Manifesto zum Weiterentwickeln. Ein positives Narrativ von Digital, in dem Analog eine wichtige regulierende Rolle spielt.

Manifesto

für ein mensch-
liches Leben in der
Digitalen Welt

Digital ist eine prima Sache, wenn wir es zur Verbesserung der Welt und der Lebensqualität der Menschen benutzen. Wir können smarte Weltverbesserung gut gebrauchen.

Digital muss Sinn machen, für Menschen. Nicht alles muss digital sein, nicht alles braucht einen digitalen Zwilling. Menschliches Glück und Lebensqualität machen Sinn, Effizienz an sich ist nicht genug.

Digital hat Risiken und Nebenwirkungen. Wir müssen diese kennen, transparent machen und minimieren. In schwerwiegenden Fällen auch verbieten. Wir müssen vorsichtig mit Digital sein. Digitale Produkte brauchen eine Art Packungsbeilage, in der diese leicht verständlich erklärt werden, einschließlich der Wirkung und Funktion der benutzten Algorithmen.

Digital darf sich nicht verselbstständigen. Die positiven Werte der Menschheit sollen uns antreiben. Digital kann ein wertvolles Instrument zur Verbreitung dieser Werte sein. Mehr nicht, aber auch nicht weniger.

Ob Analog oder Digital, eine offene Gesellschaft ist ein Garant gegen die Totalitarisierung der Gesellschaft. Diese offene

Gesellschaft ist imperfekt, ermöglicht einen gesunden Wettbewerb, kennt keine nationalen Grenzen und begrenzt Macht auf das notwendige Maß.

Eine lebenswerte Gesellschaft für alle bekommt man nicht kostenlos, auch nicht durch Digital. Die Kosten für Digital müssen transparent und bezahlbar sein. Indirekte Bezahlung über Werbung und Datenverarbeitung muss streng reguliert und minimiert werden.

Nicht alles muss digital gemacht werden. Die totale digitale Welt ist keine menschliche. Es gibt analoge Alternativen. Sie verhindern Abhängigkeiten und Unselbstständigkeit. Analoge Alternativen müssen erhalten, gelehrt, geschützt und manchmal auch subventioniert werden. So wie erneuerbare Energien. Was heute alternativ ist, kann morgen schon Mainstream sein. Auch weil es Lebensqualität erhält und schafft. Alternativen zu erhalten bedeutet Freiheit zu sichern.

Digital steht nicht über Recht und Gesetz. Aber Digital entwickelt sich superschnell. Unser Recht muss sich schnell mitentwickeln. Wo das existierende Recht funktioniert, soll es durchgesetzt werden. Wo es eines Upgrades bedarf, müssen sich Politiker, Juristen und Programmierer zusammentun. Damit sich nicht einfach das Recht des digital Stärksten und dessen Lobbyisten durchsetzt.

Das Internet ist ein globales Gemeingut, das so anerkannt und geschützt werden muss. Wir brauchen globale Regeln für die nachhaltige Bewirtschaftung des Allgemeingutes Internet. Das ist kompliziert. Aber wenn es einfach wäre, bräuchten wir ja kein Manifesto und keine Bewegung dazu.

Digital braucht globale Vielfalt. Nicht alles Digitale aus Kalifornien passt für die ganze Welt. Europa braucht einen identitätsstiftenden digitalen Airbus-Moment, der eine digitale Infrastruktur und eine Wirtschaft schafft, die weltoffen ist, auf den besten Datenstandards basiert und gerade dadurch global erfolgreich sein wird.

Persönliche Daten sind ein digitaler Abdruck unserer selbst. Sie sind wertvoll und müssen sorgsam behandelt und geschützt werden.

Digital hat keine nationalen Grenzen. Das ist gut, aber nicht einfach. Nationalstaaten sind hier überfordert und wir wissen das. Es braucht eine starke Zivilgesellschaft, die sich für die globale Natur von Digital stark macht und die Ausnutzung dieser Natur durch zerstörerische Kräfte aufzeigt und dagegen global aktiv wird.

Das ist das Ende vom Buch, aber auch der Anfang von etwas Neuem, definitely maybe...

Playlist

Beim Durchlesen des Rohmanuskripts habe ich überrascht festgestellt, wie oft ich Referenzen zu Filmen und Songs gegeben habe. Ich bin eben auch Produkt der Popkultur. Die erwähnten Songs und Referenzen kann man als Soundtrack zum Buch sehen, oder als Playlist. Auf populäre Nachfrage kommt der Soundtrack vielleicht auch bald auf Vinyl raus.

Titel	Künstler	Album
Video Killed The Radio Star	The Buggles	The Age of Plastic
Berlin	Ideal	Ideal
Sexcrime (Nineteen Eighty-Four)	Eurythmics	1984 (For the love of big brother)
Supersonic	Oasis	Definitely Maybe
Down To Earth	Peter Gabriel	Wall-E (OST)
Road To Nowhere	Talking Heads	Little Creatures
(I Can't Get No) Satisfaction	Rolling Stones	—
Du hast den Farbfilm vergessen	Nina Hagen	—
Die Mensch-Maschine	Kraftwerk	Die Mensch-Maschine
Know Your Rights	The Clash	Combat Rock
Spiel mir das Lied vom Tod	Ennio Morricone	Spiel mir das Lied vom Tod (OST)
Skyfall	Adele	James-Bond-Titelsong
Private Dancer	Tina Turner	Private Dancer
The Man Who Sold The World	Nirvana	MTV Unplugged in New York
Born To Be Wild	Steppenwolf	Easy Rider (OST)

Literaturangaben

1   Live Counter.com/google-suchen
2   Personal Data: The Emergence of a New Asset Class. World Economic Forum. 2011
3   Evelyn M. Rusli. The Secret of These New Veggie Burgers. The Wall Street Journal. 07.10.2014
4   Shoshan Zuboff. A Digital Declaration. Frankfurter Allgemeine Zeitung. 15.09.14
5   Carl Benedikt Frey und Michael A. Osborne. The Future of Employment: How Suspectible are Jobs to Computerisation?. Oxford University. 18.09.2013
6   So viel Zeit verbringt die Welt täglich vor dem Bildschirm. Gizmodo.de. 30.05.2014
7   Global, regional, and national prevalence of overweight and obesity in children and adults during 1980–2013: a systematic analysis for the Global Burden of Disease Study 2013. The Lancet. 30.08.2014
8   Judith Newman. To Siri with Love. The New York Times. 19.10.14
9   Holger Steltzner. Eine Antwort ohne Frage. In Beilage der Frankfurter Allgemeinen Zeitung zur Konferenz »Denk ich an Deutschland 2014«. 21./22.09.2014
10   Adam D. I. Kramer, Jamie E. Guillory, Jeffrey T. Hancock.. Experimental evidence of massive-scale emotional contagion through social networks. Proceedings of the National Academy of Science of the USA. 17.06.2014
11   Richard A. Easterlin. Does Economic Growth Improve the Human Lot? In: Paul A. David & Melvin W. Reder (Ed.): Nations and Households in Economic Growth: Essays in Honor of Moses Abramovitz. Academic Press, New York 1974. S. 89–125
12   Mathias Binswanger. Die Tretmühlen des Glücks. Verlag Herder, 9. Aufl. 2014
13   AI. Financial Times. 01./02.11.2014
14   Jeremy Rifkin. Die Null-Grenzkosten-Gesellschaft – Das Internet der Dinge, kollaboratives Gemeingut und der Rückzug des Kapitalismus. Campus Verlag. 2014
15   Richard Sennett. Handwerk. Berlin Verlag. 2007
16   Otl Aicher. Analog und Digital. Ernst&Sohn. 1991
17   Walther Benjamin. Das Kunstwerk im Zeitalter seiner technischen Reproduzierbarkeit. Walter Benjamin: Schriften. Band I, herausgegeben von Theodor W. Adorno. Suhrkamp, Frankfurt am Main 1955, S. 366–405
18   Die Geschichte von Biolebensmitteln auf der Webseite des Bundes ökologischer Lebensmittelwirtschaft, vgl. http://www.boelw.de/biofrage_01.html, abgerufen am 16.11.2014
19   Gunter Vogt. Entstehung und Entwicklung des ökologischen Landbaus. Stiftung Ökologie und Landbau Bad Dürkheim, 2000
20   Dem Wegwerfverhalten auf der Spur. Fraunhofer-Gesellschaft. Presseinformation vom 07.01.2014
21   Why Steve Jobs didn't let his kids use iPads. NextShark. 18.09.2014
22   Bundesverfassungsgericht. Urteil vom 15.12.1983

23 Shoshana Zuboff. Lasst euch nicht enteignen! Frankfurter Allgemeine Zeitung. 14.09.2014

24 Leonard Novy. Wozu braucht es noch Bibliotheken. Carta. 05.06.2014

25 Naomi Klein: No Logo! – der Kampf der Global Players um Marktmacht – ein Spiel mit vielen Verlierern und wenigen Gewinnern. Riemann. 2001

26 The man who wired the world. Time. 15.12.2014

27 Alexander Dobrindt. Digitale Marktwirtschaft: Fahrn, fahrn, fahrn auf der Autobahn. Frankfurter Allgemeine Zeitung. 21.10.2014

28 Everybody wants to rule the world. The Economist. 29.11.2014

29 Alexandra Endres. Irland ist das Steuerparadies der US-Konzerne. Die Zeit. 03.06.2013

30 Marcel Rosenbach, Holger Stark, Bernhard Zand. Imperiale Visionen. Der Spiegel. 24.03.2014

31 Marcel Rosenbach, Holger Stark. Der NSA-Komplex. Edward Snowden und der Weg in die totale Überwachung. DVA Sachbuch. 31.03.2014

32 Malcolm Gladwell. Tipping Point – How little things can make a big difference. Little Brown. 2000

33 Securityinabox.org

34 Alexander Dobrindt, Fahr, fahr, fahrn auf der Autobahn. Frankurter Allgemeine Zeitung. 21.10.14 (vgl. Fußnote 27)

35 Alexander Pschera. Das Dogma der neuen Netzkonservativen. Cicero. 23.09.2014

Dank

Jane, Max und Anna

Anja Maier, Ben Scott, Benjamin Welle, Cherno Jobatey, Christoph Niemann, Dave Eggers, Debra Sullivan, Edward Snowden, Gerlind Klemenz, Harald Welzer, Evgeny Morozov, Jonas Kaiser, Lutz Hachmeister, Netzeband & Friends, Nuri Al-Tabatabaie, Markus Rhomberg, Michael Steininger, Malcolm Gladwell, Naomi Klein, Marie Claire Lukas, Peter Graf, Petra Pinzler, Silvio Neubauer, Stefan Wegner, Stephanie Hankey, Thomas Böhm, Thomas Fricke, Wenzel Michalski

Kurzbiografie

Andre Wilkens wurde 1963 in Ostberlin geboren. Der studierte Politikwissenschaftler hat viele Jahre in Brüssel, London, Turin und Genf gelebt und dort für die EU, Stiftungen und die UNO gearbeitet. Nach fast 20 Jahren ist er nach Berlin zurückgekehrt, wo er mit seiner deutsch-englischen Familie lebt.

ISBN **978-3-8493-0367-9**

1. Auflage 2015

Gestaltung und Satz: 2xGoldstein+Fronczek
Coversujet: Christoph Niemann, www.christophniemann.com
Druck und Bindung: CPI books GmbH, Ebner & Spiegel, Ulm

www.metrolit.de